AF493582

POURQUOI

LA

FRANCE EST RESTÉE CATHOLIQUE

PARIS

IMPRIMERIE DE L. TINTERLIN ET C[o]

Rue Neuve-des-Bons-Enfants, 3.

POURQUOI LA FRANCE EST RESTÉE CATHOLIQUE

PAR

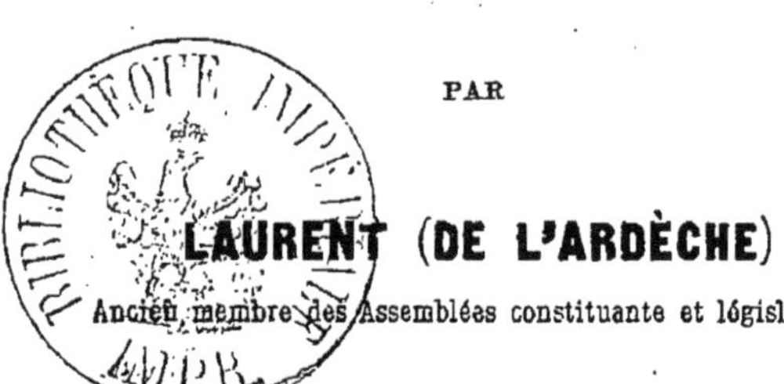

LAURENT (DE L'ARDÈCHE)
Ancien membre des Assemblées constituante et législative.

> « Et moi aussi je suis philosophe, et je sais que, dans une société quelle qu'elle soit, nul homme ne saurait passer pour vertueux et juste s'il ne sait d'où il vient et où il va. »
>
> (NAPOLÉON Ier.)

PARIS
E. DENTU, LIBRAIRE-ÉDITEUR
PALAIS-ROYAL, 13, GALERIE D'ORLÉANS
1861

POURQUOI

LA FRANCE EST RESTÉE CATHOLIQUE

I

Les âmes pieuses et les esprits sérieux que le flot montant du scepticisme a laissés inébranlables dans leur foi, et qui désespèrent de trouver, en dehors du catholicisme, un aliment salutaire pour leur besoin de croire et de prier, ne peuvent entendre, sans en ressentir une émotion plus ou moins douloureuse, les plaintes et les gémissements qui partent chaque jour du sein de l'Église romaine.

La philosophie du doute, pour tranquilliser l'État, nie, il est vrai, la puissance du cri des pasteurs en même temps que la gravité du tourment des fidèles; et cette dédaigneuse assurance semble se justifier même par d'assez imposants témoignages. Comment le doute ne se regarderait-il pas comme la véritable religion de la majorité, quand il y a été encouragé par le langage et les doléances des plus hautes autorités du monde catholique ? De Maistre écrivait au commencement de ce siècle : « il n'y a plus de foi sur la terre ; le genre humain ne peut rester dans cet état, » Peu d'années après, un saint pontife, Pie VIII, dans une encyclique, laissait tomber de la chaire de saint Pierre ce solennel reproche, qui était aussi un bien triste aveu : « tous les enseignements sont assimilés à de vieilles fables et à de vaines superstitions. » (1)

Mais cette majorité superbe d'incrédules et d'indifférents, quand elle s'est montrée bien hardie ou bien insouciante en fait de croyances religieuses, partout où se passe sa vie d'affaires et de plaisirs, partout où elle reste sous l'empire des préoccupations temporelles, au Forum, à l'Académie. à la Bourse, dans les salons ou les ateliers; cette majorité de philosophes, bourgeois ou prolétaires, en rentrant au foyer domestique, se trouve sans cesse provoquée à

(1) De nos jours, le champion le plus bouillant de l'arène politico-religieuse a pu consigner, dans la feuille dont il avait fait une espèce de *Moniteur* ultramontain, cette phrase remarquable : « A part l'Autriche, qui lentement et comme à regret, renonce au joséphisme, *la foi catholique n'a presque partout, dans les classes dirigeantes, que d'ardents adversaires ou de froids amis.* »

agir, et elle agit en effet, comme si elle était toujours pleine de foi. A chaque événement principal dans l'ordre des affections privées, à chaque joie et à chaque douleur de famille, le sceptique de tous les rangs et de toutes les opinions appelle également le prêtre. Un jour il lui demandera le baptême pour son fils, le lendemain la première communion pour sa fille, plus tard la bénédiction nuptiale pour tous les deux; et lorsque l'heure des afflictions aura sonné et que la mort viendra menacer l'existence d'un père ou d'une mère vénérés, d'un frère ou d'une sœur chéris, d'une épouse ou d'un enfant bien aimés, ce sera encore au prêtre que le sceptique aura recours pour apporter le soulagement moral et ouvrir les célestes horizons à ses proches mourants, pour ramener les dernières espérances possibles dans une maison où l'homme de la science n'aura laissé que le désespoir en déclarant son impuissance. Et là ne finit pas l'appel au prêtre; il continue pour tous les derniers devoirs que les vivants ont à remplir envers les morts : pour les honneurs funèbres, pour la sépulture, pour les prières de commémoration, etc.

Nous le demandons : si, dans un pays où les masses suivent ainsi le culte catholique, où les esprits forts aussi bien que les croyants se tiennent pour obligés de faire intervenir le prêtre dans les actes les plus importants de la vie et de lui donner un libre accès dans leurs maisons toutes les fois que son ministère l'exige sans pouvoir empêcher qu'il n'y devienne à l'instant le conseiller et le directeur spirituel de sa famille ou de quelques-uns de ses membres ; si, dans un tel pays, le prêtre, incessamment et partout appelé comme indispensable, venait à être mis en demeure par le chef suprême de la catholicité, de joindre à ses consolations et à ses exhortations pastorales, des gémissements et des anathèmes contre des puissances temporelles, accusées par le vicaire de Dieu de spolier ou d'abandonner aux spoliateurs la mère commune des fidèles, la sainte Église romaine ; à coup sûr ce prêtre s'empresserait d'obéir, et il pousserait un cri d'alarme et de réprobation à la porte de chaque maison où il espérerait trouver des échos, et dans toutes les chaires où sa voix pourrait se faire entendre. Eh bien ! supposez quarante mille prêtres ainsi placés et accrédités dans un état catholique, recevant cet ordre souverain de la papauté et s'appliquant à le remplir avec ardeur et avec succès, à toute heure et sous toutes les formes que comporte le service sacerdotal, dussent-ils par là s'exposer eux-mêmes à d'intimes tortures en faisant taire leurs propres convictions ; et calculez ensuite, si vous le pouvez, quel peut être l'effet de ce tocsin universel, sonné du haut des basiliques, et qui va retentir sous les lambris comme sous le chaume, dans le sanctuaire de toutes les familles, pour désoler les uns, pour irriter les autres, pour faire éclater peut-être et pour entretenir les plus déplorables dissidences, les plus douloureux conflits, entre le père et le fils, entre le frère et la sœur, entre le mari et la femme !

Les derniers disciples du dix-huitième siècle ont beau affecter de rester railleurs à l'endroit des matières religieuses ; quand un signal d'effroi et de deuil, donné par le pouvoir spirituel siégeant à Rome, peut produire d'aussi tristes résultats dans l'ordre temporel, compromettre à la fois dans toute la catholicité le bonheur privé et la paix publique, il y aurait quelque chose de mieux à faire que de rire de cette immense tentative d'agitation et des larmes secrètes qu'elle a déjà fait couler et qu'elle fera couler encore ; ce serait d'étudier sérieusement les causes d'une aussi grande perturbation, et de rechercher les moyens de la faire cesser et d'en prévenir le retour.

La tempête menace réellement, sans doute, à cette heure, la barque de Pierre, si souvent échappée au naufrage. Mais qui l'a ainsi livrée aux vents et poussée au milieu des écueils ? Est-ce la puissance ecclésiastique elle-même ou l'autorité civile qui a créé pour l'Église les dangers qu'elle croit courir ? Sont-ce les interprètes de la parole de Dieu ou les dépositaires du glaive de César, ceux-là par leurs prétentions surannées, ou ceux-ci par leurs hardiesses novatrices, qui ont fait mettre en question la solidité, l'utilité, la nécessité du lien catholique ?

Pour écarter plus sûrement le danger, il faut bien savoir d'abord d'où il vient. L'histoire contemporaine nous le dira, et un peu aussi la tradition nationale.

II.

Le lien catholique est déjà brisé depuis longtemps dans la plus grande partie de l'Europe et dans les contrées de l'Asie mineure restées fidèles au christianisme.

Pourquoi cette vaste propagation du schisme ? Pourquoi tant de peuples et de princes, demeurés fermement chrétiens, se sont-ils soustraits à la suprématie pastorale des évêques de Rome? Pourquoi ont-ils méconnu l'origine divine et contesté l'établissement légitime de l'unité et de la hiérarchie fondées dans le gouvernement du monde spirituel sur la promesse sacramentelle de Jésus au premier des apôtres?

Pour rassurer les maîtres de la terre, les chefs des nations, également effrayés chez les juifs et chez les gentils, dans les monarchies et dans les républiques, de l'apparition et des progrès d'une doctrine qui venait *relever les humbles et abaisser les superbes*, le sacerdoce héroïque des premiers siècles de l'ère chrétienne s'était attaché scrupuleusement à mettre en lumière et en pratique le caractère céleste de sa mission, et il se soumettait aux puissances, selon le précepte de saint Paul, en répétant sans cesse le mot de l'Évangile : *Mon royaume n'est pas de ce monde; rendez à César ce qui est à César, et à Dieu ce qui est à Dieu.*

César ne se laissa pas d'abord adoucir et désarmer par l'attitude inoffensive et respectueuse des ministres de Dieu. Païen endurci ou philosophe incrédule, il fut le plus souvent persécuteur impitoyable. Quand il eut embrassé la foi chrétienne, il s'efforça bien d'effacer le souvenir des supplices par la multiplication des bienfaits envers l'Église, mais il ne voulut jamais rien céder, rien perdre de la plénitude de sa souveraineté dans les choses temporelles.

César cependant, qu'il régnât à Bizance ou à Rome, qu'il s'appelât Honorius ou Augustule, n'était plus, même après sa conversion au Christianisme, que l'héritier responsable de la Grèce et de l'Italie païennes. Bon gré, malgré, il représentait deux civilisations épuisées, deux tyrannies seniles qui s'éteignaient lentement dans la boue et dans le sang, et il lui était dès lors impossible de maintenir et de défendre sa suprématie défaillante autrement que par la ruse et la violence, compagnes obligées de sa longue agonie.

En face de cette souveraineté temporelle, reflétant sur le trône la dissolution du monde antique et réduite à prolonger la misérable existence de l'arbitraire impérial en s'attachant à gouverner par les expédients de la vieille politique, tour à tour artificieuse et brutale, les peuples que l'Évangile avait rendus désireux et dignes de progrès sociaux en les mettant sur la voie de la régénération morale ; en face de cette souveraineté temporelle, disons-nous, image de la société mourante, et fatalement engagée dans les ornières politiques du passé, s'élevait la souveraineté spirituelle, dépositaire de la pensée d'avenir et laborieusement appliquée à faire prévaloir partout l'empire de la vertu et de la science sur celui de la force, au très-grand profit de ces indispensables progrès et de cette universelle régénération.

Entre ces deux souverainetés, séparées par le contraste intime de leurs sympathies et de leurs tendances, le choix des peuples ne pouvait pas être douteux, toutes les fois qu'un conflit éclatait entre elles. Les peuples, autant qu'ils le pouvaient, se prononçaient naturellement pour les vicaires de Dieu, apôtres de la liberté, de l'égalité et de la fraternité évangéliques, contre les représentants de César, conservateurs opiniâtres, sous la croix même, des inégalités, des servitudes et des souillures païennes. Quand César était vaincu dans cette lutte, quand le chef de l'Église empiétait sur le chef de l'empire, c'était donc une victoire, une conquête du génie de l'avancement sur l'esprit rétrograde, une cause et un espoir de soulagement pour les nations opprimées.

Après la chute du César antique, l'opinion des peuples continua-t-elle d'encourager le gardien de la souveraineté spirituelle à restreindre la puissance des possesseurs de la souveraineté temporelle ? Les conquérants qui se partagèrent les débris de l'empire romain et qui embrassèrent le christianisme n'obligèrent-ils pas encore par leurs excès les races conquises à invoquer la suprématie religieuse du chef de l'Église contre les abus de la force ; et cette invocation, rendue sans cesse nécessaire par la répétition trop fréquente des brutalités de la barbarie couronnée, ne conduisit-elle pas les papes à croire et à proclamer que leur omnipotence spirituelle impliquait la subordination de toute autorité politique et civile ?

C'est là, en effet, l'histoire de la théocratie romaine pendant les cinq derniers siècles du moyen âge.

Aussi longtemps que la papauté, habile à comprendre et prompte à faire respecter les droits et les intérêts des nations, ne revendiqua et n'exerça une haute juridiction sur les princes de la terre que pour les punir, au nom du ciel, d'avoir abusé de leur pouvoir sur leurs sujets, ou pour les empêcher de perpétuer une domination inique et désastreuse, nul peuple ne s'indigna des prétentions exorbitantes de la cour de Rome et ne songea à rappeler aux pontifes que le royaume de Dieu n'étant pas de ce monde ils ne pouvaient sans usurpation s'immiscer dans le gouvernement du domaine de César.

L'excellence incontestable du fait suppléait l'incertitude du droit, et tout le monde voyait le cachet divin dans les entreprises du Saint-Siége, même excessives, qui tendaient évidemment à favoriser le progrès humain. Si le roi ou l'empereur, trop confiant dans la puissance de sa tradition et dans la légitimité de ses titres, eût osé braver les foudres du Vatican, nier la suprématie de la puissance spirituelle et tenter de se séparer de la communion romaine, ses peuples se fussent retirés de lui comme d'un pestiféré et d'un damné, et il eût éprouvé le sort de celui dont l'Écriture a dit : *Væ soli !* L'heure des schismes durables n'avait pas encore sonné ; nulle *religion nationale* n'était possible alors.

Mais le Serviteur des serviteurs de Dieu, une fois habitué à élever sa souveraineté sacerdotale au-dessus de toutes les souverainetés politiques, ne put pas résister toujours à la tentation de toucher aux biens terrestres que la toute puissance procurait aux souverains temporels. Il y eut des papes, des prélats, des abbés qui cherchèrent moins dans l'extension de l'influence et des prérogatives cléricales, un moyen de soulager les misères et les douleurs des opprimés qu'un acheminement au partage des richesses et des voluptés des oppresseurs. La chaire de Grégoire VII se trouva occupée un jour par Alexandre VI ; et Borgia ne fut pas le seul pontife qui vînt attrister l'univers catholique par les débordements d'une vie scandaleuse. Le vice toutefois et l'indignité, il faut le reconnaître, restèrent tout à fait exceptionnels sous la tiare ; mais l'ambition, et une ambition qui n'aspirait pas seulement à la béatitude céleste, s'établit à perpétuelle demeure dans le sacré collége, où elle inspira et dicta tout ce qui devait faire servir le gouvernement spirituel des consciences à dominer et à exploiter le gouvernement temporel des États, pour la plus grande utilité politique et profane d'une théocratie mondaine et d'une cléricature trop souvent aristocratique et sensuelle.

III

Les réformateurs surgirent alors de toutes parts, et ils trouvèrent les peuples d'autant mieux disposés à suivre les princes sous le drapeau de l'indépendance religieuse, que l'absolutisme pontifical, dont il s'agissait d'arrêter les excès et de briser le joug, n'était plus que l'imitateur ou le complice du despotisme royal qu'il s'efforçait autrefois de contenir et de réprimer.

Le schisme grec avait déjà retranché du monde

catholique les plus belles contrées de l'Orient pour lui enlever ensuite, dans le Nord, le plus vaste empire de l'Europe : l'hérésie protestante vint aggraver et étendre cette mutilation douloureuse de la famille chrétienne. Luther et Calvin séparèrent de l'Église romaine la plus grande partie et les populations les plus éclairées de l'Allemagne, de l'Angleterre, de l'Écosse, du Danemarck et de la Suède.

Comment la France, alors toute prête à se porter au gouvernail de la civilisation moderne, assista-t-elle à cette grande révolution religieuse? Quand l'abus de la suprématie pontificale provoquait ainsi autour de nos rois l'établissement de tant de *religions nationales*, pourquoi ces princes, qui n'étaient pas moins jaloux des prérogatives de la royauté, ni moins exposés que leurs voisins à être menacés ou attaqués dans leur autorité souveraine par les décrets du Vatican, pourquoi ces princes ne se crurent-ils pas obligés de recourir à l'expédient commun, le schisme, pour mettre leur couronne à l'abri des prétentions et des entreprises de la cour de Rome?

Certes, ce n'était pas la ferveur de la foi qui pouvait retenir le Roi très-chrétien de cette époque, François Ier, dans le giron du catholicisme, puisqu'il se faisait sans scrupule l'ardent auxiliaire des protestants d'Allemagne.

Mais ce prince, qui était à la fois un homme de plaisir et un homme d'esprit, n'eut pas de peine à s'apercevoir que la plupart des grands seigneurs de son royaume, enrôlés sous la bannière du calvinisme, avaient moins obéi, dans leur séparation de l'Église romaine, à une inspiration religieuse qu'à des considérations politiques ; et que, conservateurs féodaux bien plus que chrétiens novateurs, ils ne s'étaient dégagés des liens de l'unité catholique que pour s'autoriser et se faire un appui de leur indépendance spirituelle dans la lutte persévérante, ouverte ou cachée, contre l'unité monarchique.

Les princes hérétiques de l'Allemagne, ses alliés ou ses protégés, l'auraient pleinement éclairé là-dessus par leur exemple, si la lumière et l'expérience lui avaient manqué dans ses propres États. C'était, en effet, de l'autre côté du Rhin que la vassalité récalcitrante avait surtout cherché dans le libre examen un noble prétexte de braver et d'affaiblir la suzeraineté orthodoxe, c'est-à-dire de défendre et de maintenir contre Charles-Quint, acharné à la poursuite de la monarchie universelle, le morcellement de la patrie commune et la nullité de la souveraineté centrale au profit des souverainetés secondaires, grandes ou petites, qui formaient et qui forment encore à l'heure où nous sommes le vaste foyer d'anarchie, l'immense chaos qu'on décore du nom d'empire ou de corps germanique.

La féodalité française en avait agi ainsi au douzième siècle; les grands seigneurs de l'Aquitaine avaient donné asile et prêté secours à Pierre de Bruys, disciple d'Arnaud de Brescia.

Mais François Ier avait d'autres raisons que les arrières-pensées politiques de la noblesse protestante, quand il persistait à garder le titre de *fils aîné de l'Église*, et qu'il se dispensait de recourir au moyen extrême de l'établissement d'une *religion nationale* pour mettre ses royales prérogatives à l'abri des atteintes de l'absolutisme pontifical.

S'il pensa, comme on l'assure, à cet abri suprême pour la puissance civile, et s'il s'abstint néanmoins, malgré son penchant personnel, de donner suite à cette idée, c'est d'abord parce qu'il se crut obligé de tenir compte des croyances de la très-grande majorité de ses sujets dans une matière aussi délicate; et principalement ensuite parce qu'il trouvait dans le droit public de la France, dans les traditions royales et nationales, dans la fermeté de la magistrature, et même dans les instincts patriotiques et la sagesse du clergé, des armes suffisantes pour sauvegarder la dignité du trône et l'indépendance politique du pays.

Les croyances de la majorité !

Si cette considération n'avait pas dû contribuer à retenir François Ier dans le sein du catholicisme, au commencement du seizième siècle, comment expliquerait-on l'empire qu'elle exerça sur Henri IV, au nom de la nécessité, à la fin du même siècle?

Le divorce de ce prince avec la Papauté aurait prévenu, dit-on, les massacres de la Saint-Barthélemy, les crimes de Jacques Clément et de Ravaillac, (1) etc. N'oublions pas que ces forfaits appartiennent au fanatisme religieux dont le temps use plutôt qu'il n'accroît l'influence sur les masses, et qui par conséquent n'était pas moins enclin à la férocité sous François Ier que sous ses successeurs. L'histoire nous a démontré que si le rival de Charles-Quint s'était fait protestant comme Henri VIII, au lieu de prévenir, par cette résolution, les horreurs de la ligue et le double assassinat du dernier des Valois et du premier des Bourbons, il n'eût fait très-probablement que se livrer lui-même aux assassins et faire égorger par milliers ses malheureux adhérents.

(1) Voir la brochure : *Empereur et Pape.*

Toute innovation, même la meilleure, tentée prématurément, est destinée à de sanglants échecs. L'idée pour passer triomphante de la spéculation individuelle dans la pratique sociale, doit se ménager patiemment une protectrice souveraine dans l'opinion générale.

Mais, nous le répétons, la raison principale qui dut déterminer François Ier à repousser la tentation d'un essai de religion nationale et à croire l'état et le trône suffisamment garantis en France contre les prétentions excessives de la papauté, c'est que, dans ce même royaume où le catholicisme intolérant possédait incontestablement une immense majorité, le statut national, formé de lois et de coutumes, et défendu par le noble, par le bourgeois, par le magistrat et le plus souvent par le prêtre lui-même, opposait une barrière infranchissable aux empiétements du chef de la catholicité.

IV.

La résistance efficace de la couronne à la Papauté avait commencé en France sous Philippe-Auguste;

M. Guizot l'a constaté en ces termes, dans son *Histoire de la Civilisation :*

« Ni l'épiscopat, ni le Saint-Siége, dit-il, au plus fort de ses égards pour eux, n'obtinrent jamais rien en effet de lui qui pût compromettre, abaisser, amoindrir le roi vis-à-vis du prêtre. » (1)

Le petit-fils de Philippe-Auguste, Louis IX, le saint roi, malgré sa profonde et vive piété, n'avait pas apporté moins de fermeté et de persévérance à défendre l'intégrité du domaine de César contre les usurpations des vicaires de Dieu. Les clercs voulaient faire des tribunaux ecclésiastiques une juridiction suprême, dominant même celle du roi, et ils abusaient des armes spirituelles pour contraindre les laïques à reconnaître cette suprématie. Saint Louis, pour réprimer cet abus, publia une ordonnance dont les évêques et le pape Grégoire IX lui demandèrent en vain le retrait. La menace d'excommunication ne put l'ébranler; l'irritation factieuse des clercs ne fit que lui démontrer de plus en plus la nécessité de la mesure, qu'il confirma par une nouvelle ordonnance et dont il poursuivit même l'exécution par la saisie du temporel des évêques insoumis. A la fin de son règne, il

(1) *Histoire de la Civilisation*, tome VII, 19.

avait couronné ses grandes réformes administratives et judiciaires en fixant les rapports généraux et permanents, les droits et les devoirs respectifs des deux puissances, dans une pragmatique qui était devenue le palladium des libertés gallicanes, et dont le cinquième article portait, *qu'on ne recueillerait les exactions et les grièves levées d'argent, imposées par la cour romaine aux Églises du royaume et par lesquelles ce royaume avait été misérablement appauvri, ou celles qui seraient imposées à l'avenir, qu'autant que la cause en serait raisonnable, pieuse, très-urgente, d'une nécessité inévitable, et reconnue par le consentement exprès et spontané du roi et par celui de l'Église de France.*

Sous le fils de saint Louis, Philippe-le-Hardi, le pape Nicolas III ayant voulu faire exécuter l'interdiction des tournois décrétée par les pères de l'assemblée de Latran, le roi de France, qui n'oubliait pas sous son titre de *fils aîné de l'Église*, qu'il était aussi le premier chevalier de son royaume, avait repoussé énergiquement la proscription trop absolue des jeux et des fêtes militaires chez un peuple dont la prépondérance civilisatrice, les hautes destinées et les créations pacifiques devaient être nécessairement précédées de plusieurs siècles de hauts faits et de prodiges dans la carrière des armes. Une ordonnance royale avait révoqué la prohibition des tournois prononcée par un concile et rigoureusement maintenue par le pape. Nicolas III s'était bien empressé de protester, de censurer, de décréter des expiations, mais l'esprit chevaleresque, représenté par le roi, avait bravé, du haut du trône, les foudres du Saint-Siége, que les rares esprits forts de ce temps accusaient déjà de se montrer trop impatient de transformer le domaine de César en *cité de Dieu* pour en faire un *fief de l'Église.*

Philippe-le-Bel ne s'était pas montré moins résolu que son père et son aïeul à soumettre les clercs à la loi commune, dans l'ordre civil, et à braver pour obtenir cette soumission les menaces et les censures de Rome. Ayant eu besoin d'établir des taxes nouvelles, et les ayant fait peser également sur les nobles et les ecclésiastiques comme sur les roturiers, les prélats et les abbés s'étaient empressés de protester, et quelques-uns d'entre eux avaient porté leurs griefs aux pieds du Saint-Père. Philippe IV, averti de l'absence de ces dignitaires de l'Église, avait ordonné, dans un mandement de 1302, la saisie du temporel des clercs sortis du royaume sans son autorisation, et cette mesure l'ayant fait excommunier par le pape Boniface VIII, il avait eu l'habileté de ne pas opposer sa volonté despotique toute seule aux violences de ce pontife, et il s'était fait patiemment, de l'agression ultramontaine, une occasion d'entourer la royauté française d'un nouvel appui, en convoquant les Etats généraux et en y donnant place à la bourgeoisie pour mettre la nation tout entière (1) aux prises avec la Papauté, ce qui lui avait si complétement réussi que le clergé lui-même n'avait pas osé s'isoler du mouvement national.

Le troisième fils de Philippe IV, Charles-le-Bel, monté sur le trône, à la mort de Philippe-le-Long, son père, n'avait pas craint non plus de déplaire au Saint-Siége, en interdisant l'exportation de l'or et de l'argent qui sortaient du royaume, non-seulement par

(1) *Supplication du peuple de France au roi contre le pape Boniface VIII.*

« A vous très-noble prince, nostre Sire, disait le Tiers-Etat ; à vous par la grâce de Dieu, Roy de France, supplie et requiert le pueuble de vostre royaume, pour ce que il li appartient, que ce soit faict, que vous gardiez la souveraine franchise de vostre royaume, qui est telle que vous ne recognissiez de vostre temporel souverain en terre, fors que Dieu, et que vous faciez déclairer, si que tout le monde le sçache, que le Pape Boniface erra manifestement, et fist péchié mortel notoirement, en vous mandant par lettres bullées, que il estoit vostre souverain de vostre temporel, et que vous ne pouvez prévendes donner, ne les fruits des églises cathédrales vacans retenir, et que tous ceux qui croyent le contraire, il tenoit pour hereges.

« *Item*, que vous faciez déclairer que l'on doit tenir ledit Pape pour herege, non pas vous et toute la gens de vostre royaume, qui tousdits ont creu et croyent le contraire, etc., etc. »

la spéculation des marchands cosmopolites, mais aussi par les libéralités excessives, inspirées par la piété ou suggérées par le clergé en faveur de la papauté.

Quand le schisme avait amené les papes à résider en France, la cour d'Avignon s'était prudemment écartée des traditions orgueilleuses et provocatrices de la cour de Rome. Cependant, sous Charles V, lorsque Duguesclin, délivrant la France des compagnies dévastatrices et les conduisant en Espagne, avait été obligé de traverser avec elle le comtat Venaissin, le souverain-pontife s'était vivement ému et avait demandé l'évacuation de ses États sous peine d'excommunication, ce qui avait amené le héros breton à dire au légat *qu'il avait devant lui trente mille croisés prêts à marcher contre les Sarrazins de Grenade* et ne demandant au Pape que l'absolution de leurs péchés avec une aumône de 200,000 livres. — *Quant est de l'absolution*, avait répondu le cardinal, *vous l'aurez, de ce n'en doutez jà, mais de l'argent réponds-je pas.* — *Sire*, avait repris Duguesclin, *ici en y a moult qui d'absolution ne parlent point, et trop miex aiment l'argent, car nous les faisons prud'hommes maugré eux* (1).

(1) *Histoire de Charles V*, par l'abbé de Choisy, pages 97-98.

Le Pape ayant tout accordé, l'absolution et l'argent, et Duguesclin s'étant informé si les 200,000 livres avaient été tirées de la caisse pontificale : — *Nenni, Sire*, lui avait-on répondu, *le commun peuple d'Avignon en a payé chacun sa portion*, AFIN QUE LE TRÉSOR DE DIEU N'EN FUT POINT AMOINDRI. — *Par la foi que je dois à la sainte Trinité*, avait repris le soldat, *nous n'en prendrons un denier de ce que pauvres gens y aurons donné, si le Pape ne nous l'a délivré du sien, et si ce n'est de l'avoir du clergé; et nous voulons que tout cet argent soit rendu à ceux qui l'ont payé sans qu'ils en perdent une maille.* Et Duguesclin s'était fait obéir sans avoir à redouter de porter le trouble dans la conscience de son maître, le fils aîné de l'Église, en demandant au Pape un sacrifice temporel, comme il aurait pu l'exiger de tout autre prince souverain, pour n'être pas arrêté dans l'accomplissement de l'immense service qu'il rendait à la France.

En 1438, Charles VII s'était cru obligé de rappeler aux clercs les principes fondamentaux qui avaient servi de guides à ses prédécesseurs dans leur résistance séculaire aux empiétements de la puissance spirituelle ; et, sans se laisser intimider par les missives du Pape Eugène IV, il avait publié une nouvelle pragmatique qui confirmait et étendait les libertés gallicanes déjà garanties par celle de saint Louis et par les plus anciennes coutumes et ordonnances.

V

François Ier avait donc trouvé dans son patrimoine politique, dans les arsenaux de la royauté, des armes dont il ne fallait que renouveler la consécration et approprier la portée aux besoins du temps, pour maintenir l'intégrité des prérogatives royales et l'indépendance des pouvoirs civils vis-à-vis du Saint-Siége. Il conclut avec Léon X un concordat, dans lequel il s'attribua la nomination des évêques, maintenue aux assemblées capitulaires par la pragmatique de Charles VII ; innovation qui eut pour corollaire l'institution canonique réservée au Pape et dont le Saint-Siége pouvait se faire une arme bien dangereuse contre l'autorité civile.

Henri II rencontra en Italie, comme son père, un parti austro-romain dont le Pape Jules III était le chef. Ce pontife s'étant autorisé de la lettre d'un évêque de Toulon, pour faire dire partout que le roi de France songeait à imiter celui d'Angleterre et à se séparer de l'Église catholique ; ce fils aîné de l'Église, rempli d'indignation, chargea le cardinal de Ferrare de protester hautement en son nom contre le projet que lui imputait le Pape de vouloir *créer un patriarche*, ce qui était, disait-il, *une pure imposture et une calomnie controuvée pour noircir sa réputation.*

Assuré de l'indépendance de sa couronne vis-à-vis de la tiare par les lois du royaume et par le sentiment universel de ses sujets, nobles, prêtres ou bourgeois, Henri II, qui connaissait l'attachement de la nation française au catholicisme, ne pouvait pas s'exposer imprudemment à soulever contre lui les passions religieuses prêtes à éclater dans les jours néfastes de la ligue, en se laissant entraîner par ses légitimes ressentiments contre Jules III, à se jeter dans les périls d'une révolution, dans l'ordre spirituel, pour défendre contre les prétentions pontificales la dignité d'un trône et les libertés d'un pays amplement garanties depuis des siècles par les pragmatiques, les concordats, les États généraux, les parlements et les évêques eux-mêmes. Les cardinaux français de ce temps, MM. de Tournon, Du Bellay, etc., etc., tenaient le premier rang parmi les conseillers de la couronne et les défenseurs de l'indépendance traditionnelle de la puissance civile. Le cardinal Du Bellay avait été ambassadeur de France en Angleterre, à l'époque du schisme, et il s'était efforcé de le prévenir, en conjurant le Saint-Siége de ne pas trop précipiter ses résolutions extrêmes contre Henri VIII.

Mais sous les derniers Valois, la doctrine ultramontaine, enseignée par de fougueux théologiens, prêchée par des moines furibonds, servie par des rois incapables et appuyée par l'étranger, devint le prétexte et le drapeau d'un parti politique qui voulait à tout prix écarter les Bourbons du gouvernement du royaume au profit des Guises. On sait ce que valurent à la France les jours de triomphe de ce fanatique auxiliaire d'une faction anti-dynastique et anti-nationale.

La tradition gallicane, religieusement conservée en ces mauvais jours dans le sein du pouvoir judiciaire, à la tête duquel brilla le chancelier de L'Hôpital, finit par reprendre son empire sous Henri IV; et le bon roi, lorsqu'il fut contrarié dans sa politique tolérante et française par des difficultés venues de Rome, obtint le concours du clergé national contre Grégoire XIV (1), comme l'avaient obtenu Philippe-le-Bel

(1) *Extrait de la déclaration du clergé de France sous Henri IV.*

« A tous les Estats, ordres, villes et peuples catholiques de ce royaume, salut....... Advertis que nostre sainct père, Grégoire XIV,

contre Boniface VIII, et Louis XI contre Jules II. Avec l'édit de Nantes, il n'avait pas besoin de recourir au schisme pour manifester la possession libre et entière de sa suprématie politique sur les ruines de la ligue ultramontaine.

Mais de la poussière de cette faction, où le fanatisme religieux masquait l'intrigue et l'ambition politiques, sortit le poignard de Ravaillac ; et la théocratie

à présent séant, mal informé de l'estat des affaires de ce royaume et de nos départements, auroit, par les pratiques et artifices des ennemis de cet Estat, esté persuadé d'envoyer quelques monitoires, suspension, interdicts et excommunication, tant contre les prélats et ecclésiastiques, que contre les princes, nobles et peuples de France, qui voudroient adhérer à leur faction et rebellion.

« Après avoir conféré, et meurement délibéré sur le faict de ladite bulle, avons reconnu, par l'autorité de l'escriture saincte, des saincts décrets, etc., etc.....

« Que lesdites monitions, interdictions, suspensions et excommunications sont nulles, tant en la forme qu'en la matière, injustes et suggérées par les artifices des estrangers, ennemis de la France, et qu'elles ne peuvent nous lier, ni obliger, ni autres Français catholiques estant en l'obéissance du Roy.......

« Fait en assemblée, à Chartres, le vingt-unième du mois de septembre mil cinq cent quatre-vingt-onze.

« Est mandé à tous curez, ou leurs vicaires, publier la présente déclaration en leurs prosnes et par affiches ès portes des églises.

« *Signés en l'original :* Charles, cardinal de Bourbon ; Philippe, cardinal de Lenoncourt ; Renaud de Beaune, archevêque de Bourges, etc., etc. »

Henri IV étant encore protestant, les évêques terminaient leur déclaration par une prière à Dieu pour la conversion du Roi.

romaine retrouva, sous Louis XIII, des champions effrénés pour essayer de remettre en crédit la subordination de l'autorité royale et l'omnipotence spirituelle et temporelle de la Papauté. Mais le clergé de France, sans oublier le respect et la soumission qu'il devait au Saint-Siége, se montra fidèle au droit public du royaume (1). Il fit en 1625 une déclaration solennelle, dans laquelle il condamna deux libelles ultramontains, l'un intitulé *Admonitio ad regem*, l'autre, *Mysteria politica*.

Enfin, sous Louis XIV, l'épiscopat français couronna l'œuvre nationale des siècles antérieurs par la

(1) Le Tiers-Etat avait précédé le clergé dans l'expression de ses sentiments contre les manifestations ultramontaines de cette époque. Voici un extrait de son cahier pour les états généraux de 1615 :

« Pour arrêter le cours de la pernicieuse doctrine qui s'introduit depuis quelques années contre les Rois et puissances souveraines établies de Dieu par des esprits séditieux, le Roi sera supplié de faire arrêter à l'assemblée des Etats pour *loi fondamentale du royaume*, qu'il soit inviolable et notoire à tous :

« 1° Comme il est reconnu souverain en son Etat, ne tenant sa couronne que de Dieu seul, il n'y a nulle puissance sur la terre, quelle qu'elle soit, spirituelle ou temporelle, qui ait aucun droit sur son royaume, etc., etc.;

« 2° Tous les sujets, de quelle qualité et condition qu'ils soient, tiendront cette loi pour sainte et véritable, comme conforme à la parole de Dieu, sans distinction, équivoque ou limitation quelconque ;

« 3° Cette loi sera jurée et signée par tous les députés des Etats, et dorénavant par tous les bénéficiers et officiers du royaume, etc., etc.;

« 4° Tous précepteurs, régents, docteurs et prédicateurs, tenus de l enseigner et publier, etc., etc. »

fameuse déclaration de 1682, dont le premier article portait :

« Que saint Pierre et ses successeurs, vicaires de Jésus-Christ, et que toute l'Église même n'ont reçu de puissance de Dieu, que sur les choses spirituelles, et qui concernent le salut, et non point sur les choses temporelles et civiles ; Jésus-Christ nous apprenant lui-même *que son royaume n'est point de ce monde*, et en un autre endroit, *qu'il faut rendre à César ce qui est à César, et à Dieu ce qui est à Dieu ;* et qu'ainsi ce précepte de l'apôtre saint Paul ne peut en rien être altéré ou ébranlé : *que toute personne soit soumise aux puissances supérieures, car il n'y a point de puissance qui ne vienne de Dieu, et c'est lui qui ordonne celles qui sont sur terre. Celui donc qui s'oppose aux puissances résiste à l'ordre de Dieu.* Nous déclarons en conséquence que les rois et les souverains ne sont soumis à aucune puissance ecclésiastique par ordre de Dieu dans les choses temporelles ; qu'ils ne peuvent être déposés directement ni indirectement par l'autorité des clés de l'Église ; que leurs sujets ne peuvent être dispensés de la soumission et de l'obéissance qu'ils leur doivent, ou absous du serment de fidélité, et que cette doctrine, nécessaire pour la tranquillité publique, non moins avantageuse à l'Église qu'à l'État, doit être inviolablement suivie, comme conforme à la parole de Dieu, à la tradition des saints pères et aux exemples des saints. »

Un édit du roi du 23 mars 1682, après avoir reproduit textuellement ce premier article, pourvut en ces termes à l'exécution de la déclaration des évêques :

« Défendons à tous nos sujets et aux étrangers étant dans notre royaume, séculiers, réguliers, de quelque ordre, congrégation ou société qu'ils soient, d'enseigner dans leurs maisons, colléges et séminaires, ou d'écrire aucune chose contraire à la doctrine contenue en icelle. »

Les ultramontains jetèrent les hauts cris à l'apparition de l'édit royal et de la déclaration des évêques de France. L'archevêque de Strigonie attribua cette déclaration aux *ministres de Satan* et la traita de schismatique ; l'archevêque de Valence, Roccaberti, ne composa pas moins de vingt-quatre volumes in-folio sur *l'infaillibilité du Pape*, et il fit sortir les quatre articles *du tartare avec les flots de l'hérésie.* Le marquis de Sarreto proposa tout bonnement de *brûler* le manifeste gallican, *avec ses auteurs, fauteurs et approbateurs.*

Aux violences des prélats et des docteurs ultramontains des églises étrangères vinrent se joindre les doléances amères de la cour de Rome. Par esprit de conciliation, Louis XIV écrivit au pape Innocent XII une lettre dans laquelle il promit de *ne plus faire observer*, dit le chancelier d'Aguesseau, *l'édit du mois de mars* 1682, *qui obligeait tous ceux qui voulaient parvenir aux grades de soutenir la déclaration faite en cette année par le clergé de son royaume sur l'étendue de la puissance ecclésiastique.*

On se méprit, ou l'on affecta de se méprendre, à Rome, sur la portée de cette lettre, que l'on voulut assimiler à une rétractation des principes de l'Église gallicane, à tel point qu'en 1713 le pape Clément XI refusa d'instituer canoniquement l'abbé de Saint-Aignan, nommé par le roi à l'évêché de Beauvais, parce que cet abbé était connu pour avoir manifesté, en 1705, son attachement à ces principes.

Louis XIV, justement surpris et blessé de ce refus, en écrivit au cardinal de La Trémouille. Il se plaignit de la fausse interprétation que l'on faisait à Rome de son *accommodement* de 1693 avec le pape Innocent XII, protestant qu'en renonçant à contraindre les élèves des écoles ecclésiastiques à professer les maximes consacrées par la déclaration de 1682, comme il l'avait voulu dans son édit de mars de la même année, il n'avait point entendu déserter ces maximes et rendre condamnables ceux qui les avaient professées dans le passé ou qui les soutiendraient dans l'avenir. Les papes eux-mêmes l'avaient bien compris ainsi, d'après le grand roi, puisqu'ils n'avaient pas jusque là soulevé la moindre difficulté à l'occasion des promotions épiscopales faites en faveur des prêtres qui avaient défendu dans leurs thèses les doctrines gallicanes. Louis XIV faisait remarquer d'ailleurs que ces sages pontifes, en agissant ainsi, n'avaient fait que se conformer exactement au concordat.

« Suivant sa disposition, ajoutait le monarque, il faudrait que les sujets que je nomme aux bénéfices fussent convaincus d'hérésie, pour donner au Pape une juste raison de leur refuser des bulles, et Sa Sainteté est trop éclairée pour entreprendre de déclarer hérétiques les maximes que suit l'Église de France.

« Le Pape Innocent XII ne me demanda pas de les abandonner, lorsque je terminai avec lui les différends commencés sous le pontificat d'Innocent XI ; il savait que cette demande serait inutile, et le Pape, qui était alors un de ses principaux ministres, sait mieux que personne que l'engagement que j'ai pris *se réduisait à ne pas faire exécuter l'édit que j'avais fait en* 1682.

« Sa Sainteté n'est donc pas fondée à se plaindre que je manque aux engagements que j'ai pris avec son prédécesseur ; mais j'aurais moi-même de trop justes sujets de me plaindre qu'elle ne satisferait pas aux concordats faits entre le Saint-Siége et ma couronne, si elle continuait à refuser des bulles à un sujet dont la doctrine ne peut être reprise. Je ne puis sans peine envisager les suites d'un semblable refus, et je m'assure qu'un Pape, aussi plein de zèle et de lumières, en sera lui-même assez frappé, pour se désister d'une prétention toute nouvelle, et sur laquelle je ne puis admettre aucun expédient. »

« La lecture de cette dépêche, dit d'Aguesseau, détermina le Pape à donner les bulles de l'évêché de Beauvais à l'abbé de Saint-Aignan, sans exiger de lui aucun désaveu, ni aucune satisfaction des propositions de l'assemblée du clergé de 1682. »

Ainsi la doctrine nationale de l'épiscopat français, respectée et maintenue, en dépit des pasteurs et des docteurs catholiques qui la tenaient pour *schismatique*, ouvertement ou en secret, continua d'écarter le danger du schisme entre l'Église romaine et son fils aîné.

Louis XV lui-même, qui laissa tomber de son front jusque dans la fange les plus beaux fleurons de la couronne de France, Louis XV trouva en lui ou autour de lui la force de garder d'une main ferme les armes qu'il avait reçues de ses pères pour défendre la double indépendance du pays et du trône contre les prétentions du Saint-Siége. Par un arrêt souverain de son Conseil d'État du 24 mai 1766, il renouvela de la manière la plus formelle *les ordonnances, édits, déclarations et lettres patentes concernant la nature, l'étendue et les bornes de l'autorité spirituelle et de la puissance séculière, notamment les édits des mois de mars* 1682 *et avril* 1695 ; « Veut en conséquence Sa Majesté, disait l'arrêt, que les quatre propositions arrêtées à l'assemblée des évêques de son royaume, convoquée extraordinairement à cet effet en ladite année 1682, et les maximes qui y ont été reconnues et consacrées, soient inviolablement observées en tous ses États et soutenues dans toutes les universités et par tous les ordres, séminaires et corps enseignants, ainsi qu'il est prescrit par lesdits édits de 1682. Fait défense à tous ses sujets, de quelque État et condition qu'ils soient, de rien entreprendre, soutenir, écrire, composer, imprimer, vendre ou distribuer, directement ou indirectement, qui soit contraire auxdites maximes et aux principes ci-dessus rappelés. »

Peu d'années après, l'esprit libéral du gallicanisme pénétrait dans les conseils du Vatican : Clément XIV supprimait les Jésuites.

VI

Aux approches de la révolution, le droit national, formulé dans les pragmatiques, les concordats, les édits royaux, les arrêts du Parlement et les déclarations épiscopales, restait donc encore debout et intact en face du Saint-Siége. Quand les trois ordres se réunirent à l'appel de Louis XVI pour nommer leurs députés aux États-généraux et rédiger les cahiers qui devaient renfermer leurs griefs, l'un des premiers vœux que forma le Tiers-État de Paris fut *que l'on sanctionnât comme loi les libertés de l'Église gallicane*. C'était à peu près la demande mise en tête du cahier de cet ordre pour les États de 1615, et une reproduction de ses premiers vœux à son entrée dans les assemblées nationales en 1302.

Le peuple de France, après cinq cents ans de progrès et de conquêtes de l'esprit humain, après la renaissance et la réforme, après Montaigne, Descartes,

Montesquieu et Voltaire, ne pouvait pas, à coup sûr, se montrer moins jaloux de l'indépendance de la puissance civile qu'il ne l'avait été au premier jour de son introduction dans les États-généraux par Philippe-le-Bel, ou à la dernière réunion de cette assemblée sous Louis XIII.

Mais, en 1789, il ne se contenta pas de réclamer une nouvelle consécration législative des libertés gallicanes. L'État avait d'autres besoins, d'immenses besoins; et ses ressources, immenses aussi, étaient nulles pour lui, possédées qu'elles étaient par la main-morte et le privilége. L'État avisa; les trois ordres réunis prononcèrent la dépossession de la main-morte et du privilége. La dîme ne dut pas être mieux traitée que les droits féodaux, et les propriétés ecclésiastiques, déclarées nationales, furent vendues au profit du trésor public.

VII

Le clergé catholique était mis à une rude épreuve. Il avait témoigné de son attachement à la tradition gallicane dans ses cahiers. Celui de Paris avait exprimé le vœu *qu'aucune maison d'éducation ne pût être établie que* CONFORMÉMENT AUX LOIS DU ROYAUME, ET DANS LA JUSTE DÉPENDANCE PRESCRITE PAR CES LOIS. Ses représentants aux États-généraux s'étaient ensuite réunis avec empressement à ceux du Tiers-État pour se constituer en Assemblée nationale. L'abolition de la dîme et la vente des biens de l'Église devaient faire succéder à cet entraînement civique des clercs une tendance réactionnaire qui se manifesta bientôt avec éclat, à l'époque de la discussion et du vote de la constitution civile du clergé, et qui se changea plus tard en résistance ouverte aux actes de la représentation nationale, à l'occasion du serment exigé des prêtres.

Ce fut un très-grand malheur sans doute, pour la France, que ce conflit, soulevé entre le sacerdoce et la révolution naissante. Les troubles de la conscience étaient venus altérer trop vite les joies de la liberté dans le sein des familles innombrables attachées au culte catholique.

L'assemblée Constituante, qui avait fait preuve de tant de lumières, de résolution et de générosité patriotique, en procédant sans faiblir à l'extinction des abus, des monopoles et des priviléges en face d'une cour aveugle et exaspérée ; l'assemblée Constituante avait-elle donc manqué de modération, de sagesse et de prévoyance, quand elle s'était cru obligée de réorganiser l'Église de France?

Les philosophes qui formaient ou menaient la majorité de ses membres avaient-ils saisi cette occasion d'en finir avec les religions révélées, de fonder un culte de la raison, de déclarer la loi athée, ou seulement d'établir un christianisme national sans plus rien conserver des pratiques et des traditions du catholicisme?

Non, l'assemblée Constituante n'avait rien fait de tout cela. Ce n'était ni à l'influence de Voltaire ni à celle de Rousseau qu'elle avait cédé dans la constitution civile du clergé : ses inspirateurs, dans cette œuvre difficile et périlleuse, avaient été les héritiers de Port-Royal et non les élèves de l'Encyclopédie, les disciples de Pascal et de Bossuet et non les admirateurs de d'Holbac ou de Diderot : Grégoire, Camus, Lanjuinais, etc., etc. Pas un philosophe ne s'était levé pour proposer l'abandon du domaine religieux à la raison individuelle ou l'établissement d'une religion nationale. Les régénérateurs du pays avaient pensé que la France de 89 n'était pas moins forte que celle du moyen âge pour résister victorieusement aux prétentions illégitimes de la cour de Rome sans rompre spirituellement avec le Saint-Siége. On peut en juger par le serment motivé et solennel que prêta l'un des auteurs de *la constitution civile*, à la tribune de l'Assemblée nationale, dans la séance du 26 décembre 1790.

« On ne peut se dissimuler, s'écria le pieux et savant abbé Grégoire, que beaucoup de pasteurs très-estimables, et dont le patriotisme n'est point équivoque, éprouvent des anxiétés, parce qu'ils craignent que la constitution française ne soit incompatible avec les principes du catholicisme. Nous sommes aussi inviolablement attachés aux lois de la religion qu'à celles de la patrie. Revêtus du sacerdoce, nous continuerons de l'honorer par nos mœurs; soumis à cette religion divine, nous en serons constamment les missionnaires; nous en serions, s'il le fallait, les martyrs! Mais après le plus mûr, le plus sérieux examen, nous déclarons ne rien apercevoir, dans la constitution civile du clergé, qui puisse blesser les vérités saintes que nous devons croire et enseigner.

« Ce serait injurier, calomnier l'Assemblée nationale que de lui supposer le projet de mettre la main à l'encensoir? A la face de la France, de l'univers, elle a manifesté solennellement son profond respect pour la religion catholique, apostolique et romaine. Jamais elle n'a voulu priver les fidèles d'aucun moyen de salut; jamais elle n'a voulu porter la moindre atteinte au dogme, à la hiérarchie, à l'autorité spirituelle du chef de l'Église : elle reconnaît que ces objets sont hors de son domaine (1). »

(1) Trente-trois ans après, à la fin de sa longue carrière, sous la Restauration, l'abbé Grégoire exprimait avec la même énergie son attachement inaltérable à la foi catholique dans une lettre qu'il adressait à un savant Belge, M. de Potter, pour l'autoriser à publier sa correspondance avec M. de Ricci; cette lettre, dont nous avons l'original sous les yeux, se termine ainsi :

« Avant de clore ma lettre, permettez-moi, Monsieur, quelques réflexions qui vous concernent personnellement. Vous publiâtes, il y quelque temps, un ouvrage intitulé *l'Esprit de l'Église.* On peut contester l'application de ce titre, car parmi les objets sur lesquels s'est exercée votre critique, les uns sont des abus. Or, loin d'être dans l'esprit de l'Église, l'Eglise en gémit, elle les condamne ; d'autres objets sont des articles de croyance sur lesquels jamais elle ne composera et que vous avez froissés. Assurément, je n'ai aucun droit d'intervenir dans vos travaux littéraires, aucun droit d'influencer vos opinions, vos écrits; mais j'exprime vivement le désir que plusieurs fois déjà je vous ai manifesté, celui que vous écartiez de vos ouvrages, *tout ce qui peut heurter le dogme catholique.* Quand au milieu de la Convention nationale, croyant prononcer son arrêt de mort, on s'est déclaré invariablement attaché à la religion, comme chrétien et comme évêque, on peut, ce me semble, sans blesser la délicatesse la plus chatouilleuse, réclamer le respect pour cette auguste religion de la part d'un écrivain dans la vaste érudition s'allie à de si heureuses qualités, des mœurs aimables, un cœur excellent, une propension infatigable à obliger. La religion seule sanctifie les talents et les vertus. Agréez, Monsieur, cet épanchement d'estime et d'affection cordiale.

« Signé : GRÉGOIRE,
« *Ancien évêque de Blois.*

« Paris, 9 mai 1824. »

Cette assemblée de philosophes accueillit par des applaudissements prolongés et des cris d'enthousiasme cette déclaration de respect profond, faite en son nom, en face du monde entier, à la souveraineté spirituelle du chef de l'Église catholique, apostolique et romaine.

De quoi se plaignait donc le clergé, quand la révolution se proclamait ainsi jalouse de maintenir aussi bien que l'ancien régime le lien religieux de la France avec la Papauté et de concilier l'attachement au catholicisme avec le culte de la liberté ?

Trois choses, sans plus parler de l'abolition des dîmes et de la vente des biens ecclésiastiques, trois choses soulevaient de plus en plus, dans le sein du sacerdoce français, des dispositions hostiles à l'ordre nouveau :

1° Le refus de l'assemblée Constituante de déclarer *nationale* la religion catholique.

2° Le changement des circonscriptions diocésaines sans l'intervention de l'autorité ecclésiastique.

3° La restitution aux comices populaires du droit de choisir les pasteurs, nommés par le roi et institués canoniquement par le Pape depuis le concordat de François Ier.

Quant au premier grief, tout le monde sait que,

pour écarter la motion de Dom Gerles, tendante à faire décréter *que la religion catholique, apostolique et romaine était et demeurerait pour toujours la religion de la nation et que son culte serait le seul public et le seul autorisé*, il avait suffi de ce mot de Mirabeau : « Rappelez-vous, Messieurs, que d'ici, de cette même tribune où je parle, je vois la fenêtre du palais dans lequel des factieux, unissant des intérêts temporels aux intérêts les plus sacrés de la religion, firent partir de la main d'un roi des Français l'arquebuse fatale qui donna le signal du massacre de la Saint-Barthélemy!!! »

Le vote emporté par cette foudroyante apostrophe étant devenu depuis le sujet des protestations et des récriminations incessantes du côté droit, le grand orateur justifia en ces termes la décision de la majorité, dans un projet d'adresse aux Français sur la constitution civile du clergé :

« Déclarer *nationale* la religion chrétienne, s'écria-t-il, eût été flétrir le caractère le plus intime et le plus essentiel du christianisme... Il ne peut y avoir de *national* dans un empire que les institutions établies pour produire des effets politiques, et la religion n'étant que la correspondance de la pensée et de la spiritualité de l'homme avec la pensée divine, avec l'esprit universel, il s'ensuit qu'elle ne peut prendre sous ce rapport aucune forme civile ou légale. Le christianisme principalement s'exclut par son essence de tout système de législation locale : Dieu n'a pas créé ce flambeau pour prêter des formes et des couleurs à l'organisation sociale des Français ; mais il l'a posé au milieu de l'univers pour être le point de ralliement et le centre d'unité du genre humain. Que ne nous blâme-t-on aussi de n'avoir pas déclaré que *le soleil est l'astre de la nation*, et que nul autre ne sera reconnu devant la loi pour régler la succession des nuits et des jours ? »

L'Assemblée nationale, qui s'énorgueillisait de représenter, et qui s'efforçait d'appliquer dans ses décrets l'esprit libéral de l'Évangile et la raison philosophique des temps modernes, n'avait donc fait que rester à la hauteur des sources où elle puisait ses inspirations, en repoussant une déclaration qui localisait et rétrécissait le rôle divin du christianisme, et qui pouvait entraîner après elle l'intolérance et la persécution, c'est-à-dire rendre encore possibles des excès ou des horreurs tels que ceux si éloquemment résumés dans le souvenir de la fatale arquebuse de Charles IX.

Le reproche adressé à la constitution civile du

clergé, à raison des changements apportés aux circonscriptions diocésaines sans l'aveu de la puissance ecclésiastique, était-il mieux fondé ? Nous nous contenterons de rappeler ici que l'interprète le plus élevé et le défenseur le plus redoutable des actes de la grande assemblée répondit pour elle à ce reproche, que la distribution territoriale dont on se plaignait avec tant d'âcreté et d'obstination n'était qu'une mesure purement politique, et que l'État pouvait prendre sans s'exposer aux embarras à prévoir pour le cas d'un concours nécessaire de l'autorité cléricale. Évidemment, c'était de l'empire des circonstances exceptionnelles où l'État se trouvait alors vis-à-vis de l'Église que cet argument tirait sa principale valeur.

On peut en dire autant de la réponse que fit l'assemblée Constituante aux accusations dont elle fut l'objet à propos des élections pastorales, enlevées à la royauté et à la Papauté pour être laissées au suffrage populaire. Le vénérable Grégoire lui-même, tout en proclamant l'orthodoxie de l'œuvre à laquelle il avait pris une si grande part, reconnaissait que le lien catholique aurait pu être mieux garanti qu'il ne l'était par la nouvelle organisation de l'Église française. On lisait, en effet, dans un écrit qu'il publia sur *la légitimité du serment civique* cet aveu remarquable : « Dans cette constitution, j'en conviens, l'autorité du Pape n'est pas assez prononcée. »

Lorsque l'un des prélats constitutionnels les plus convaincus s'exprimait ainsi, on conçoit que l'ancien épiscopat, insermenté ou émigré, ait pu dire, comme le fit l'évêque de Soissons, dans un mandement publié hors de France :

« Un décret politique prétend jeter dans une affreuse viduité toute l'Église gallicane ; à l'exception de quatre, tous les évêques sont chassés de leurs Églises. Un décret politique les fait remplacer par ceux qu'il appelle à leur succession ; un décret politique ordonne aux évêques de nouvelle création de reconnaître Pie VI pour leur chef, et de lui demander sa communion... Pour adopter les évêques constitutionnels, il faudrait que Pie VI eût sanctionné les décrets politiques, ou se fût reconnu justiciable des décrets politiques ; qu'il eût commencé par répudier, repousser de sa communion les pasteurs, les évêques expulsés... Quoi ! on sépare de la communion du Saint-Siége cent vingt-huit évêques, et on voudrait que Pie VI n'eût pas le droit de déclarer s'il les tient pour séparés, pour retranchés ! On veut donner quatre-vingts nouveaux collègues au chef suprême de l'épiscopat, et on voudrait qu'il n'eût pas eu le pouvoir de juger s'il doit les reconnaître ou les repousser ; qu'il n'eût pas eu le pouvoir de les recevoir dans la communion de l'épiscopat, ou de déclarer qu'il les rejetait de la sienne ! »

Ces doléances sur l'annulation absolue de la puissance spirituelle dans les promotions épiscopales accuseraient d'exagération et d'imprévoyance les auteurs de la constitution civile du clergé, si la conduite des représentants de la nation, à cette grande époque, n'avait été la conséquence naturelle et inévitable de la conduite des minorités privilégiées et récalcitrantes, et de l'appui que ces minorités, rebelles à la consécration légale des principes évangéliques de l'égalité et de la fraternité, allaient chercher auprès des ennemis de la France et qu'elles trouvaient manifestement à la cour de Rome.

La constitution civile du clergé ne fut décrétée qu'à la fin de novembre de l'année 1790, et, dès le 29 mars de cette même année, Pie VI avait déjà lancé des lettres monitoriales dans toute la catholicité pour maudire la révolution française et pour accuser notre nation *d'obéir en esclave à une assemblée de philosophes s'injuriant et s'attaquant entre eux comme des chiens pleins de rage.* Cette attitude et ce langage des successeurs de saint Pierre laissaient-ils à l'assemblée Constituante la possibilité de conserver au Saint-Siége l'institution canonique des évêques dans la réorganisation de l'Église gallicane? La Papauté une fois ennemie déclarée des principes de 89, les hommes qui avaient proclamé la vérité et décrété l'application de ces principes, aux acclamations de l'immense majorité de la nation, et qui croyaient aussi entendre une voix d'en haut leur criant que la France était appelée à enseigner les droits et les devoirs du citoyen, la liberté et l'égalité à tous les peuples de la terre; ces hommes n'auraient-ils pas mal rempli leur mandat patriotique et compromis en même temps la conservation de leurs conquêtes civiles et l'autorité civilisatrice de leur pays sur le monde, s'ils eussent commis l'imprudence de livrer les postes les plus éminents de l'État régénéré aux créatures nécessairement dociles et aux serviteurs obligés d'une puissance étrangère, obstinée à combattre, à réprouver et à flétrir les auteurs et les bienfaits de la régénération?

Ils surent éviter cet excès d'imprévoyance, mais ils ne tombèrent pas dans l'excès contraire. Certes, l'hostilité flagrante du Vatican à l'égard de la révolution française autorisait les représentants de la nouvelle France à traiter en ennemi le gouvernement pontifical; il en avait fallu moins à l'Angleterre et à d'autres puissances pour rompre entièrement le lien catholique, et pour enlever tout prétexte d'immixtion dans leurs affaires domestiques à une influence cosmopolite, à une cour étrangère, ouvertement résolue à rendre son intervention subversive de l'ordre existant. L'assemblée Constituante resta gallicane; elle ne voulut pas se faire schismatique. Bossuet et Pascal furent encore assez puissants pour faire écarter Luther et Calvin.

VIII

Mirabeau se sentait fort de la modération de cette grande assemblée, dont il avait inspiré ou dirigé les impérissables travaux, quand il adressa cette véhémente apostrophe aux prêtres révoltés contre la loi politique de leur pays, parce que, selon les préceptes de l'Écriture, elle venait, nous ne saurions trop le répéter, relever les humbles et abaisser les superbes:

« Pasteurs et disciples de l'Évangile, leur dit-il, à la séance du 14 janvier 1791, vous qui calomniez les principes des législateurs de votre patrie, savez-vous ce que vous faites? vous consolez l'impiété des insurmontables obstacles que la loi avait opposés au progrès de son désolant système, et c'est de vous-mêmes que l'ennemi du dogme évangélique attend aujourd'hu l'abolition de tout culte et l'extinction de tout sentiment religieux! figurez-vous que les partisans de l'irréligion, calculant les gradations par où le faux zèle de la foi la conduit à sa perte, prononcent dans leurs cercles ce discours :

« — Nos représentants avaient reporté sur ses bases antiques l'édifice du christianisme, et nos mesures pour le renverser étaient à jamais déconcertées ; mais ce qui devait donner à la religion une si grande et si mperturbable existence devient maintenant le gage de notre triomphe et le signal de la chute du sacerdoce et de ses temples. Voyez ces prélats et ces prêtres qui soufflent dans toutes les contrées du royaume l'esprit de soulèvement et de fureur ; voyez ces protestations perfides où l'on menace de l'enfer ceux qui reçoivent la liberté ; voyez cette affectation de prêter aux régénérateurs de l'empire le caractère atroce des anciens persécuteurs des chrétiens ; voyez ce sacerdoce méditant sans cesse des moyens pour s'emparer de la force publique, pour la déployer contre ceux qui l'ont dépouillé de ses anciennes usurpations ; voyez avec quelle ardeur il égare les consciences, alarme la piété des simples, effraie la timidité des faibles, et comme il s'attache à faire croire au peuple que la révolution et la religion ne peuvent subsister ensemble!

« Or, le peuple finira par le croire en effet, et, balancé dans l'alternative d'être chrétien ou libre, il prendra le parti qui coûtera le moins à son besoin de respirer de ses anciens malheurs; il ne voudra plus connaître ni adorer que le Dieu créateur de la nature et de la liberté; il ne voudra plus sacrifier que sur l'autel de la patrie! »

— « Ah! tremblons, s'écria Mirabeau, que cette supposition de l'incrédulité ne soit fondée sur les plus alarmantes vraisemblances! »

IX

Le tribun fut prophète, en dépit des protestations que le discours prêté aux incrédules souleva dans les rangs mêmes des partisans les plus zélés de la constitution civile du clergé. Bientôt le sacerdoce réfractaire, émigré, insurgé ou conspirateur, soutenu et poussé par les princes de l'Église infidèles au génie populaire et réformateur de Grégoire VII, et alliés empressés du César féodal, schismatique, luthérien ou Joséphiste ; bientôt, disons-nous, le sacerdoce insermenté se fut tellement associé à la pensée liberticide et à la guerre à outrance des aristocraties et des monarchies européennes contre la démocratie française, que le peuple, autrefois très-chrétien comme ses rois, laissa fermer les temples et proscrire les prêtres du Christianisme, pour aller entendre, dans des fêtes civiques, *les apôtres de la raison*, les ordonnateurs du culte de *l'Être suprême* et les fondateurs de *la théo-philanthropie*, tous pontifes improvisés de la révolution, que la démence et la rage de ses ennemis avaient rendue folle à son tour.

Aussi, pourquoi la croix et la crosse dorées, au lieu d'être, comme la croix de bois et le bâton des premiers pasteurs, l'appui et l'espoir des opprimés, se trouvaient-elles aujourd'hui réunies en faisceau avec le sceptre et le glaive des oppresseurs? Pourquoi le signe de la rédemption s'était-il mêlé aux étendards de l'absolutisme et du privilége, pour soulever toutes les superstitions, tous les préjugés et toutes les races asservies de la vieille Europe divorcées avec le Saint-Siége, contre la jeune France, restée catholique autant que dévouée à sa nouvelle constitution, et coupable seulement d'avoir introduit dans ses lois les pratiques démocratiques de la primitive Église et les maximes libérales du clergé de France aux beaux jours de la race de saint Louis.

Toutefois la cessation du culte catholique en France ne pouvait être que passagère, quand le même peuple qui donnait son sang et son or à la révolution pour repousser l'ancien régime dont le Saint-Siége et le clergé insermenté désiraient et poursuivaient ardemment le retour, avait fini par accepter en secret, au mépris des interdictions civiles, le patronage spirituel de ses adversaires politiques les plus obstinés; quand les mêmes pères de famille qui envoyaient leurs fils vaincre ou mourir sur les champs de bataille pour une cause frappée des anathèmes de la Papauté et de l'ancien épiscopat, accompagnaient ensuite leurs femmes et leurs filles dans les greniers pour y entendre la messe des prêtres restés en communion intime et persévérante avec le Pape et avec les évêques qui avaient maudit l'ordre nouveau.

Le jour vint donc où l'esprit de 89 s'étant incarné dans un héros, philosophe et législateur, ce héros comprit la nécessité de réconcilier le gouvernement républicain avec l'Église romaine, dont les ministres avoués par elle, bien que proscrits et civilement incapables, avaient continué néanmoins de subvenir seuls, par un service occulte, aux besoins spirituels de la très-grande majorité de la société française. Il parvint en effet à traiter, à Tolentino, avec Pie VI, dont il exigea l'abandon perpétuel de toute prétention sur le comtat Venaissin et sur les Romagnes. Mais le pontife fut inébranlable dans son refus d'annuler et de rétracter tous ses brefs relatifs à la constitution civile du clergé, comme le lui demandait le Directoire.

Trois ans après, le Directoire avait cessé d'être, et le négociateur de Tolentino, devenu le maître de la République, disait aux curés de Milan :

« Les philosophes modernes se sont efforcés de persuader à la France que la religion catholique était l'implacable ennemie de tout système démocratique et de tout gouvernement républicain : de là cette cruelle persécution que la République française exerça contre la religion et contre ses ministres ; de là toutes les horreurs auxquelles fut livré cet infortuné peuple. La diversité des opinions qui, à l'époque de la révolution, régnaient en France au sujet de la religion, n'a pas été une des moindres sources de ces désordres. L'expérience a détrompé les Français et les a convaincus que, de toutes les religions, il n'y en a pas qui s'adapte comme la catholique aux diverses formes de gouvernement; qui favorise davantage, en particulier, le gouvernement démocratique républicain, en établisse mieux les droits, et jette plus de jour sur ses principes. Moi aussi je suis philosophe, et je sais que, dans une société quelle qu'elle soit, nul homme ne saurait passer pour vertuèux et juste, s'il ne sait d'où il vient et où il va. La simple raison ne saurait nous fixer là-dessus; sans la religion, on marche continuellement dans les ténèbres; et la religion catholique est la seule qui donne à l'homme des lumières certaines sur son principe et sa fin dernière. »

X

Le discours du magistrat républicain aux curés de Milan avait annoncé le concordat, qui fut signé l'année suivante.

On a reproché au Premier Consul, dans un écrit récemment publié et que Pie IX a cru devoir réfuter lui-même, de n'avoir pas fait alors ce qu'il pouvait tenter et accomplir *sans nul danger*, « réunir les deux pouvoirs religieux et politique en nommant un patriarche, et affranchir à tout jamais la France de la servitude romaine. »

Les Mémoires de l'Empereur Napoléon ont répondu d'avance à ce reproche; ils ont justifié pleinement la conduite du consul Bonaparte.

En rouvrant les temples, en relevant les autels, en amnistiant et en rappelant le clergé réfractaire pour le mettre sur la même ligne que le clergé constitutionnel dans l'estime et la confiance du gouvernement, le Premier Consul ne fit que suivre sagement les indications impérieuses d'une autorité supérieure à la sienne quelque grande qu'elle fût, les indications de l'opinion souveraine des masses; il lui fallut même de la hardiesse pour fronder les préjugés et braver les exigences de la réaction religieuse manifestement opérée dans les esprits, quand il entreprit de réconcilier les deux clergés et de les établir dans l'Église restaurée sur le pied de l'égalité.

Le concordat donnait un démenti éclatant aux ennemis de la révolution, qui l'avaient déclarée incompatible avec la religion catholique; il leur enlevait le prétexte d'agiter l'État en troublant les consciences; il faisait reconnaître la légitimité de la souveraineté nationale, sanctionner la vente des biens ecclésiastiques et bénir le drapeau de 89, par la puissance spirituelle qui avait appuyé de ses anathèmes et de ses faibles ressources temporelles les armées formidables de toutes les coalitions formées contre la France républicaine.

Le rétablissement du culte catholique offrait-il maintenant des dangers assez sérieux et assez pressants pour contre-balancer tous ces avantages et pour faire songer le consul Bonaparte au remède suprême d'une religion nationale?

Comment la vieille France avait-elle traversé tant de siècles sans être obligée de recourir à ce moyen extrême, employé par tant d'autres États, pour maintenir intacte l'indépendance de la souveraineté politique contre les tentatives incessantes d'empiétement de la théocratie romaine?

Le Premier Consul avait su tirer de l'étude de l'histoire la solution de ce problème, et il s'était cru suffisamment garanti dans l'exercice de son pouvoir contre les ambitions cléricales, s'il parvenait à remettre en vigueur et à corroborer, avec prévoyance, les traditions qu'il avait recueillies dans les fastes royaux et nationaux, dans les monuments parlementaires et jusque dans les annales ecclésiastiques, et qui avaient toutes contribué à dispenser la France d'abjurer le catholicisme, à l'exemple de l'Angleterre, pour demeurer chrétienne, et pour placer la liberté nationale au-dessus des atteintes d'une suprématie étrangère.

Il est certain que ce ne fut pas sans de vives et pénibles discussions avec les commissaires du Saint-Siége, et notamment avec le cardinal Consalvi, que le chef du gouvernement consulaire réussit à rétablir en France le culte de la religion catholique sans rien céder à l'Église romaine des droits souverains de l'État ni des libertés gallicanes. Les Mémoires de ce cardinal en font foi. Jamais les prétentions de la cour de Rome ne furent gardées et défendues avec plus d'habileté, de finesse et de persistance. Le plénipotentiaire pontifical refusait obstinément d'admettre une simple réserve pour *les règlements de police* dans l'exercice libre et public du catholicisme. Sa résolution sur ce point avait paru tellement inébranlable, que le Premier Consul, poussé à bout, lui dit un jour avec fierté :

« Eh bien ! monsieur le cardinal, vous avez voulu rompre ! soit. Je n'ai pas besoin de Rome. J'agirai de moi-même. Je n'ai pas besoin du Pape. Si Henri VIII, qui n'avait pas la vingtième partie de ma puissance, a su changer la religion de son pays et réussir dans ce projet, bien plus le saurai-je et le pourrai-je, moi. En changeant la religion en France, je la changerai dans presque toute l'Europe, partout où s'étend l'influence de mon pouvoir. Rome s'apercevra des pertes qu'elle aura faites ; elle les pleurera, mais il n'y aura plus de remède. »

Le cardinal Consalvi raconte que le Consul répéta cette menace à l'ambassadeur d'Autriche, M. de Cobentzel, et que ce ministre en fut si profondément ému et *consterné* qu'il s'empressa de *prier*, de *supplier* le négociateur romain *d'inventer, de découvrir quelque moyen de conciliation pour conjurer une pareille calamité.* Ces deux hommes d'État, également effrayés du langage du premier magistrat d'une république toute-puissante, semblaient croire tous deux que le consul Bonaparte était sérieusement résolu à établir en France une religion nationale, et que la situation de l'Europe pouvait rendre cet exemple contagieux.

Le Consul philosophe et omnipotent, malgré ses apostrophes terrifiantes, comprenait mieux que les représentants de Rome et de l'Autriche ce que l'état des esprits et la logique des événements lui commandaient. Ce n'était pas lorsque l'entraînement irrésistible de l'opinion publique le portait à rouvrir les temples de la communion romaine, en dépit de son entourage révolutionnaire et de son état-major voltairien, qu'il pouvait songer sérieusement à brusquer cette opinion souveraine pour substituer tout à coup le plan d'une religion nationale à son projet de restauration du culte catholique et pour rompre définitivement avec la Papauté. Le consul Bonaparte, dans la négociation du concordat, il ne faut pas l'oublier, ne cédait pas à ses croyances personnelles, à ses convictions religieuses ; il était déterminé avant tout et pardessus tout, par son appréciation des tendances morales et des nécessités politiques qu'il croyait apercevoir au fond des masses nationales. Aussi, ne pensant pas qu'il lui fût possible de tourner indifféremment, selon son bon plaisir, au schisme ou au catholicisme, était-il toujours bien décidé intérieurement, au moment même de ses foudroyantes menaces, à ne pas se séparer des idées qu'il jugeait dominantes dans le pays et à maintenir la France catholique sous les auspices de pasteurs vraiment gallicans, aussi longtemps que la soumission spirituelle du peuple français aux successeurs des apôtres serait compatible avec le plein exercice de son indépendance nationale, de sa souveraineté politique et de sa mission civilisatrice.

Le Consul permit donc à ses ministres de reprendre la discussion de l'article qui avait rendu la rupture si imminente, et le cardinal Consalvi sut *inventer, découvrir*, selon ses expressions, le moyen de conciliation que lui avait demandé M. de Cobentzel.

Mais après la signature du concordat, de nouvelles difficultés surgirent. Le Premier Consul, poursuivant son plan de pacification générale, de réconciliation politique et religieuse, donna douze siéges épiscopaux à des évêques constitutionnels. Le légat jeta les hauts cris. Bonaparte lui opposa la raison d'État. Consalvi demanda qu'une rétractation formelle précédât au moins l'institution des prélats assermentés. Le Consul s'écria qu'il ne pouvait leur imposer *une si mortifiante humiliation, un tel sacrifice de l'amour-propre et de l'honneur.* Le cardinal proposa alors de remplacer la rétractation par une acceptation des jugements émanés du Saint-Siége, *sur la constitution civile du clergé.* Cette déclaration parut encore au Consul trop explicite et trop dure pour le clergé constitutionnel, et il persista à la repousser.

Que se passa-t-il donc entre les anciens évêques et le légat lorsqu'il fallut procéder à leur installation? L'un deux, nommé par le Consul au siége d'Angoulême, M. Lacombe, ex-évêque constitutionnel de Bordeaux, va nous l'apprendre, dans une lettre qu'il écrivit, le 4 juin 1802, à un digne ecclésiastique :

« Vénérable prêtre et très-cher ami,

« Il est très-vrai que M. le légat a voulu de nous une rétractation; il est très-vrai qu'il ne l'a pas obtenue. Nous nous présentâmes à lui, le jeudi-saint, pour lui demander l'institution prescrite par le nouveau concordat : il nous proposa de signer une lettre à Sa Sainteté; lettre tout à fait propre à nous révolter, nous, évêques gallicans, nous, amis de nos maximes et de nos libertés, nous incapables de grossir la troupe insensée des ultramontains : nous refusâmes de la signer. Par qui ce refus fut-il fait? d'abord par les évêques constitutionnels de Rennes, de Dax et de Clermont, et ensuite par les évêques constitutionnels de Rouen, de Carcassonne et de Bordeaux; ce dernier, que vous savez être ferme et inébranlable comme la roche sur laquelle est bâtie la ville de Montrejeau, où il est né, parla ainsi à son Éminence :

« — M. le cardinal, nous sommes des évêques français ; vous paraissez nous méconnaître. Vous nous proposez de déclarer à Sa Sainteté que nous sommes repentants de ce que nous avons fait en conformité de la constitution civile du clergé; jamais, non jamais cette déclaration ne sera faite par nous.

« M. le cardinal, si je ne puis être assis sur le siége

d'Angoulême, qu'en adhérant à cette lettre que vous nous avez donnée à signer, loin de moi l'évêché d'Angoulême, loin de moi votre institution, comme loin de moi votre lettre que je vous remets. »

« J'étais debout quand je prononçai ces dernières paroles, qui auront sans doute votre approbation, aussi bien que les suivantes.

« M'étant assis, je continuai de la sorte :

« — M. le cardinal, que je vous rappelle le serment que vous avez fait, naguère, devant notre Premier Consul : dans ce serment, vous avez promis de respecter les libertés de l'Église gallicane. Quoi ! vous vous faites un devoir de les respecter, ces libertés ; et vous me faites un crime d'y tenir et d'avoir joui des droits qu'elles me donnent ! comment concilier votre conduite d'aujourd'hui envers nous, avec votre serment fait lors de votre réception?

« M. le cardinal, ma foi est celle de l'Église catholique, apostolique et romaine ; je l'attesterai, s'il le faut, par le sacrifice de ma vie : ma moralité et ma conduite doivent être sans reproche, puisque notre Premier Consul m'a destiné à être l'un des soixante évêques de la nouvelle Église de France, et qu'il ne m'a honoré de cette faveur qu'après avoir interrogé, sur mon compte, les habitants de la Gironde, mes anciens diocésains. Est-ce que cela ne suffit pas pour avoir votre bulle de confirmation ?

« M. le cardinal, je vous ai rendu votre lettre, n'en ayant lu qu'une très-petite partie ; il est bon que je la connaisse dans son entier : permettez que je la reprenne. » — « Non, dit M. le cardinal, puisque vous ne voulez pas y adhérer. » — « Tant pis, m'écriai-je, que vous me priviez de la lire d'un bout à l'autre ; j'en ai bien de la peine : surtout, j'ai le plus grand regret qu'il n'y ait eu, en ce moment, dans votre salle, que vous, mes deux collègues, Beaulieu, Belmas et moi ; je voudrais que des témoins, autres que nous, pussent parler de ce qui est contenu dans votre lettre et de notre courage à la rejeter. J'ai l'honneur de vous saluer. »

« A ces mots, je sortis ; mes deux compagnons, Beaulieu et Belmas, me suivirent. Nous allâmes ensemble chez le citoyen Portalis chargé de toutes les affaires ecclésiastiques : nous l'instruisîmes de ce qui venait de se passer. Il parut improuver les prétentions de M. le légat : il dit qu'il y apporterait remède dans la journée ; *que le gouvernement ne voulait point de rétractation ; qu'il ne serait exigé qu'une pure et simple adhésion au concordat.* Il demanda que sur-le-champ fussent réunis chez lui tous les évêques constitutionnels. Il fit appeler en même temps l'évêque Bernier. Il le chargea de parler à M. le légat, et de lui dire que l'affaire des évêques constitutionnels devait finir dans la journée. Celui-ci consentit à la commission : il rédigea et proposa une lettre bien différente de la première ; nous l'adoptâmes. Je m'abstiens de vous la transcrire ici : vous la trouverez dans les *Annales de la religion.* (T. xv, p. 92.)

. . . .

« On vous dira peut-être que M. le légat nous a donné l'absolution ; que la preuve en est dans les registres de sa légation ; qu'on a vu, au rapport du nouvel évêque de Versailles, et de quelque autre, plusieurs exemplaires d'un *decretum absolutionis*, humblement demandé par plusieurs de nous, et à plusieurs de nous charitablement accordé. Comment repousserez-vous ces faits-là ? Vous direz avec moi que M. le légat, au mépris des règles usitées dans l'administration du sacrement de pénitence, au mépris de ces paroles célèbres d'une infinité de Papes, *nisi vere contritis et confessis*, a donné une absolution qui n'était ni voulue ni demandée ; que lorsque le *decretum* en a été remis, par l'évêque Bernier, à quelques-uns d'entre nous, ils en ont fait justice en le jetant au feu en présence de celui de qui ils l'avaient reçu, sous les yeux du citoyen P***, qui nous a assuré en avoir usé de même, lorsque M. le légat lui a transmis un semblable *decretum* pour le relever et l'absoudre des censures qu'il a pu encourir *en prenant part à la révolution française.* »

Ainsi le cardinal Consalvi, pour sauvegarder l'honneur et l'inflexibilité de la logique ultramontaine, s'était cru obligé d'absoudre, bon gré malgré, les clercs et même les laïques que leurs fonctions mettaient en rapport avec le légat de Sa Sainteté, et qui avaient pris une part plus ou moins active à la régénération de leur pays.

A Rome, cette absolution, bien plus imposée qu'accordée, fut trouvée suffisante. Dans un consistoire secret du 24 mai 1802, Pie VII s'exprima ainsi au sujet des anciens évêques constitutionnels replacés sur d'autres siéges par le chef du gouvernement français :

« Ne soyez pas troublés, vénérables frères ; leur institution aux places de pasteurs légitimes des nouveaux diocèses qui leur ont été confiés a été précédée par leur réconciliation avec le Saint-Siége. Dans les actes que nous vous proposons de lire, *vous trouverez qu'ils ont acquitté cette dette nécessaire envers l'Église.* »

Mais le Souverain-Pontife avait ressenti une autre douleur à la suite de la conclusion du concordat, c'est-à-dire à l'apparition des *articles organiques.* Le concordat, en rétablissant l'Église catholique en France, n'avait rien dit des maximes et des traditions qui constituaient les *libertés gallicanes* et qui avaient détourné et dispensé les rois très-chrétiens de chercher dans le schisme un préservatif suprême pour leurs prérogatives souveraines contre les usurpations pontificales.

Le Premier Consul ne pouvait pas rester longtemps sans s'occuper de combler une lacune qui privait la France des institutions dont elle avait joui, et à la faveur desquelles elle avait pu rester inébranlablement catholique sans cesser d'être politiquement indépendante et libre.

Une loi organique, publiée en même temps que le concordat, fit revivre et consacra la déclaration du clergé de France de 1682, ainsi que l'édit de Louis XIV du mois de mars de la même année, obligeant tous ceux qui étaient chargés de l'enseignement dans les séminaires de souscrire cette déclaration fondamentale et d'enseigner la doctrine contenue dans les quatre articles.

« Ces lois organiques, dit le cardinal Consalvi dans

ses Mémoires, étaient supposées faire partie du concordat et être contenues dans l'approbation accordée par le Saint-Siége. Ces lois, véritablement *constitutionnelles*, renversaient à peu près le nouvel édifice que nous avions pris tant de peine à élever...

« Le Saint-Père s'empressa de protester. »

Pie VII, en effet, dans le consistoire secret du 24 mai 1802, mêla cette plainte à la joie qu'il éprouvait de la réconciliation de la France avec l'Église romaine : « Nous nous apercevons, dit-il, qu'avec le susdit concordat, on a publié d'autres articles qui ne nous étaient pas connus, et que, suivant les traces de nos prédécesseurs, nous ne pouvons pas ne pas solliciter qu'ils reçoivent des modifications et des changements opportuns et nécessaires. Nous nous adresserons avec empressement au Premier Consul, afin de l'obtenir de sa religion. »

Toute précaution politique, toute réforme légale, toute garantie constitutionnelle pour prémunir la société civile contre les écarts éventuels de l'autorité spirituelle, continuait donc d'être assimilée par le Pape et les cardinaux à une témérité subversive des droits du Saint-Siége. Les *articles organiques* n'étaient pas plus favorablement reçus que la *constitution civile* elle-même ; on affectait à Rome d'appeler tout cela des *lois constitutionnelles*, comme si l'on ne pouvait mieux les flétrir qu'en leur appliquant la qualification qui implique une origine libérale et légitime, et qui commande le respect dans les États libres.

Parmi ces *articles organiques* si vivement repoussés par le Saint-Siége, il s'en trouvait un cependant qui pouvait devenir fatal à la puissance civile, si les vicissitudes politiques venaient à donner aux nouveaux évêques la tentation d'user ou d'abuser contre leur propre créateur du pouvoir excessif qui leur était attribué sur le clergé inférieur. Se croyant maître, en effet, de l'épiscopat qui sortait de ses mains, et se défiant des affinités royalistes de l'ancien clergé réfractaire qui allait desservir nécessairement le plus grand nombre des paroisses de France, le Premier Consul accorda trop aux considérations, aux exigences et aux intérêts du moment, et pas assez aux indications et aux probabilités que sa haute prévoyance aurait pu lui montrer dans un avenir plus ou moins éloigné; et il se contenta d'investir les curés de canton du bénéfice de l'inamovibilité, sans se préoccuper du danger de laisser les autres pasteurs, formant la masse du clergé national, à la nomination exclusive de l'évêque diocésain, et de les déclarer révocables au gré de ce supérieur omnipotent.

Nous reviendrons sur la gravité de ce danger, lorsque nous aurons à parler des difficultés que le Premier Consul ne présumait pas en 1801, et qui auront depuis assez ému et troublé les chefs les plus éminents de l'Église gallicane pour les rendre violemment hostiles à la politique nationale de l'Empire.

Les doléances du Pape, au sujet de la loi de germinal an X, ne changèrent rien aux résolutions du gouvernement français, et elles n'empêchèrent pas non plus le vénérable Pie VII de se rendre à Paris en 1804, et d'y confirmer, par le sacre de l'Empereur, le pacte conclu en 1801 avec le Premier Consul, pour réconcilier la nouvelle France avec l'antique Église romaine.

XI

Le Souverain-Pontife espérait sans doute quelques concessions du gouvernement français en échange de la consécration qu'il consentait à donner à la dynastie impériale. Il n'oublia rien, en effet, de ce qui excitait l'inquiétude persévérante du Saint-Siége : la déclaration de 1682, les articles organiques, le divorce et l'éducation publique dont Sa Sainteté aurait voulu réserver la direction au clergé.

« Sur tous ces points, dit M. Thiers, Napoléon fut d'une douceur extrême dans la forme, d'une fermeté désespérante au fond. On arriva enfin à la chose essentielle, celle qui touchait Rome plus que tous les points de discipline ecclésiastique, à l'affaire des légations. On rédigea un Mémoire que Pie VII remit lui-même à Napoléon..... Rendre les légations à la cour pontificale, ajoute l'illustre historien, était chose impossible, à moins de trahir odieusement cette république italienne dont il était le fondateur. »

Le Pape n'éprouva et ne pouvait éprouver que des refus, puisqu'il ne demandait que des choses politiquement impossibles au chef de l'Empire français. Mais il reçut partout un accueil qui contrastait singulièrement avec cet échec de toutes les aspirations qu'il avait apportées en France. « Vous savez ce que nous voyons, écrivait un prêtre français, l'abbé Proyard, à une princesse allemande, *que Rome est dans Paris.* On ne se fait pas d'idée du profond respect qu'inspire en tous lieux et à tout ce qui l'approche la présence de Sa Sainteté. »

Mais voici comment s'exprimait, au même moment, le plus obstiné des théocrates, l'auteur du

Pape, alors retiré en Russie, sur l'effet produit à Paris par le séjour de Pie VII : « Il paraît, écrivait de Saint-Pétersbourg, le 9 mars 1804, le comte Joseph de Maistre, il paraît, par des relations incontestables, qu'on est fort mécontent à Paris. Comme le Pape donne des chapelets et que tout est mode en France, on a fait à Paris une mode de chapelets. Chaque fille de joie a le sien. Les Français étaient, au mois de janvier, couleur pistache, qu'on prononçait *Pie se tache.* On s'y moque assez joliment du bonhomme qui, en effet, n'est que cela, soit dit à sa gloire. Mais ce n'est pas moins une très-grande calamité publique qu'un bonhomme à une place et dans une époque qui exigeraient un grand homme. »

C'était ainsi que le plus fougueux des papistes parlait du saint prêtre alors revêtu de la dignité et des fonctions suprêmes de la Papauté ! tant il est vrai que le royalisme, tout en se croyant et se proclamant profondément religieux, ne se faisait pas faute, au besoin, d'irrévérence et de malignité à l'égard des personnes les plus élevées dans le sacerdoce, dès qu'elles contrariaient ses vues et ses sympathies politiques.

Le Pape retourna donc à Rome peu satisfait du résultat de son voyage en France. Toutes ses insistances pour obtenir la réparation de ses griefs divers avaient dû, au milieu des fêtes dont il était l'objet, aboutir inévitablement à un échec complet. Trompé par les acclamations qui retentissaient sur son passage, il avait cru la France profondément attachée à l'Église romaine et moins jalouse des libertés gallicanes qu'elle ne l'était réellement, et il attribua au philosophisme personnel et à la politique ambitieuse de Napoléon, ce qui n'était chez ce potentat que l'effet d'une saine appréciation de son devoir et de sa responsabilité comme gardien des traditions nationales, comme solidaire, selon ses propres expressions, de tous ses prédécesseurs, *depuis Clovis jusqu'au comité de Salut public*, pour tout ce qui touchait à l'indépendance, à l'honneur, à la dignité du pays.

Ainsi la politique romaine, inébranlable dans ses vieilles exigences, ne pouvait rester longtemps d'accord avec la politique française, qui avait à défendre, non-seulement les anciennes doctrines du gallicanisme, mais les conquêtes civiles et religieuses de 89. Le Vatican, blessé des refus qu'il avait éprouvés de la part de l'Empereur, se tourna, plein de prévenances, vers les ennemis de l'Empire. Il ouvrit ses ports au commerce de la schismatique Albion, et apporta la plus grande lenteur à expédier les bulles de dispense ou d'institutions canoniques aux Églises de France et d'Italie.

Napoléon s'indigna de cette attitude hostile et de cette passivité malveillante et systématique. Ce fut alors qu'il s'écria : « Pour des intérêts mondains, on laisse périr des âmes. » On sait à quelle extrémité le réduisit l'invincible persistance de la cour de Rome.

XII

Après cinq ans de continuels et vains efforts pour amener le Saint-Siége à faire cesser le veuvage d'un grand nombre d'Églises épiscopales, l'Empereur se vit ou se crut forcé de faire occuper les États romains, enlever le Pape, disperser ou emprisonner les cardinaux. Mais, au milieu de toutes ces violences, il se garda, lui qui avait tant menacé le cardinal Consalvi à l'époque du concordat, d'imiter Henri VIII et d'entraîner toute l'Europe à sa suite dans le schisme ; il se garda de rien proclamer ou de rien faire (1) qui

(1) Les prélats envoyés en députation à Savone furent seulement chargés de faire remarquer au Souverain-Pontife « qu'il serait blâmé, dit M. Thiers, de sacrifier la foi à sa souveraineté princière ; qu'il

autorisât le soupçon d'une arrière-pensée de *religion nationale.*

Comment cet homme, si puissant et habitué à trancher brusquement les difficultés bien plus qu'à chercher patiemment à les résoudre, préféra-t-il s'exposer à être accusé de brutalité sacrilége envers le Saint-Père et le Sacré-Collége, et se jeter dans une voie de querelles et de persécutions interminables, plutôt que de tout finir d'un mot et de clore ce grand débat par un simple et dernier adieu à la Papauté ?

Parce que ce despote si superbe, si emporté, si impatient de briser tout ce qui résistait à ses volontés, savait plier sa fougue et son orgueil aux conseils de sa froide raison et aux révélations de son génie.

Parce qu'il était persuadé, comme de Maistre, que *les préjugés des peuples ressemblent à des tumeurs enflammées qu'il faut toucher doucement pour éviter les meurtrissures.*

Parce que ce qu'il avait jugé désirable et possible

ferait donc mieux, avant que Napoléon fût amené peut-être à jouer le rôle de Henri VIII, d'accepter d'être le chef de l'Église, aux mêmes conditions que ses prédécesseurs l'avaient été sous les empereurs d'Occident, de sacrifier sa puissance temporelle désormais perdue à sa puissance spirituelle qui n'était pas menacée, et de ne pas s'exposer par une obstination folle à voir retrancher les deux tiers au moins du territoire européen de la communion romaine. » (*Hist. du Consulat et de l'Empire*, XII, 76.)

en 1801, la compatibilité du catholicisme et des libertés gallicanes, ne lui paraissait pas impossible en 1810, et qu'il regardait toujours, au contraire, comme une nécessité nationale, de respecter le lien religieux qui rattachait la France à Rome, tant que Rome, par ses imprudences et par ses fautes, n'obligerait pas la France à cesser d'être spirituellement catholique-romaine pour rester temporellement indépendante.

Or, les démêlés du chef de l'Empire français avec le prince souverain des États-Romains étaient purement politiques, et si le Pape en prenait occasion de chercher à venger l'injure faite au souverain par l'emploi des armes spirituelles, il suffisait que le clergé de France ne crût pas le dogme et la foi catholique engagés dans le conflit temporel, et que le peuple français, sagement dirigé par ses évêques, n'éprouvât ni trouble dans ses convictions religieuses ni ébranlements dans sa fidélité politique, pour que l'Empereur pût conserver l'espoir et le moyen d'écarter et d'annuler la rivalité altière ou l'influence souterraine de toute suprématie étrangère, dans l'exercice et la défense des droits souverains de la nation et du trône, sans être obligé pour cela de répudier les bienfaits d'une religion qu'il déclarait naguère posséder seule la solution la plus satisfaisante sur l'éternel et pressant problème de l'origine et de la fin de toutes choses.

Eh bien! les évêques de France, aussi gallicans que le peuple, ne virent dans les malheurs du Saint-Père, dans la perte de ses États et de sa liberté même, qu'un accident politique essentiellement regrettable sans doute, mais qui ne touchait pas au domaine de la conscience, et qui laissait intact le lien religieux entre les populations catholiques de l'Empire français et le chef suprême de la catholicité.

Napoléon ayant institué un conseil ecclésiastique, composé des cardinaux Fesch et Maury, de l'archevêque de Tours, des évêques de Nantes, de Trèves, d'Évreux et de Verceil, de l'abbé Emery, supérieur de Saint-Sulpice, et du P. Fontana, général des barnabites, et ayant soumis à ce conseil la question suivante :

« *Le Pape peut-il, par des motifs d'affaires temporelles, refuser son intervention dans les affaires spirituelles?* »

Les doctes théologiens répondirent :

« *Nous pensons que le Pape ne peut pas, par le seul motif des affaires temporelles, refuser son intervention dans les affaires spirituelles. La distance qui les sépare est du temps à l'éternité.* »

A cette autre question :

« *L'Empereur ou ses ministres ont-ils porté atteinte au concordat?* »

Le conseil ecclésiastique répondit :

« *Le concordat a toujours été observé par S. M. l'Empereur et par ses ministres, et nous ne croyons pas que le Pape puisse se plaindre d'aucune contravention essentielle. Il est vrai que, pendant son séjour à Paris, le Pape remit à S. M. des représentations sur un certain nombre des articles organiques ajoutés aux dispositions du concordat, et qu'il jugeait contraires au libre et entier exercice de la religion catholique. Mais plusieurs des articles dont se plaignait S.S., ne sont que des applications ou des conséquences des maximes et des usages reçus dans l'Église gallicane dont ni l'Empereur* NI LE CLERGÉ DE FRANCE, *ne peuvent se départir.* »

Sur la bulle d'excommunication du 10 juin 1809, lancée à l'occasion de l'envahissement des États romains, le conseil répondit encore :

« *Si la bulle du 10 juin dernier eût été adressée aux évêques de France, nous pensons qu'ils l'eussent déclarée contraire à la discipline de l'Église gallicane, à l'autorité du souverain, et capable, contre l'intention du Pape, de troubler la tranquillité publique.* »

Tandis que de savants docteurs proclamaient ainsi leur attachement à la tradition gallicane, dix-neuf prélats, douloureusement impressionnés par les rigueurs temporelles dont le Saint-Père était l'objet et attristés en même temps par l'abstention prolongée de la Papauté dans les affaires spirituelles de l'Empire, firent parvenir à Pie VII une adresse très-respectueuse et très-pressante à la fois, pour déterminer S. S. à ne pas faire retomber plus longtemps sur les catholiques de France le poids de ses tribulations politiques.

« VOTRE SAINTETÉ, disait l'adresse rédigée par l'éloquent abbé de Boulogne, évêque de Troyes; V. S. *a sauvé l'Église de France par le concordat.... Or, cette Église, qui est devenue comme votre ouvrage..... voudriez-vous l'abandonner à elle-même, en refusant de lui donner les évêques qu'elle réclame, et la réduire ainsi à l'extrémité fâcheuse de discuter les moyens de pourvoir à sa propre conservation?* »

Le Pape ayant persisté dans son refus, l'Église de France fut en effet réduite à discuter les moyens de pourvoir à sa propre conservation ; mais les trouvant clairement indiqués dans les saints canons et dans les maximes gallicanes, elle n'eut pas besoin de porter la plus légère atteinte à la discipline catholique pour suppléer l'abstention pontificale. Un concile national rendit, le 15 août 1811, un décret signé par quatre-vingt-quatre évêques, et qui portait, aux articles III et IV, que *dans les six mois qui suivraient la notification faite au Pape de la nomination d'un évêque ou archevêque, le Pape donnerait l'institution canonique conformément aux concordats*, et que *les six mois expirés sans que le Pape eût accordé l'institution, le métropolitain, ou à son défaut le plus ancien évêque de la province ecclésiastique, procéderait à l'institution de l'évêque nommé.*

La majorité de la nation n'avait donc nulle raison de songer à rompre entièrement avec Rome et de modifier ses croyances et ses habitudes religieuses pour les mettre d'acord avec ses opinions et ses devoirs politiques. L'épiscopat français, pouvant contester à Pie VII, dépouillé et prisonnier, le droit de faire admettre par l'Église gallicane la bulle d'excommunication publiée contre Napoléon et motivée sur la spoliation et la captivité de ce vénérable Pontife ; l'épiscopat français pouvant exercer son apostolat et continuer à sauver les âmes, en vertu d'une institution canonique autre que celle du chef de l'Église universelle, il était évident que la question d'une religion nationale n'avait nulle raison d'être, et que le catholicisme de la France restait sain et sauf au milieu de la plus éclatante et de la plus douloureuse épreuve qu'il pût subir, sans imposer aucun sacrifice au patriotisme.

Cette attitude respectueuse et ferme de l'épiscopat, cette persévérance des chefs de l'Église gallicane à attester la possibilité d'une conciliation parfaite de leur devoir spirituel envers le Saint-Siége et de leurs obligations civiles envers leur pays, devait exercer une salutaire influence sur l'esprit de Pie VII. Déjà l'un de ses plus intelligents et plus fidèles conseillers, le cardinal Pacca, venant à méditer dans sa prison de Fénestrelles sur les desseins cachés de la Providence dans la tourmente qui menaçait d'engloutir la puissance temporelle de la Papauté, arrivait à cette conclusion, qu'il confiait plus tard à son frère dans une lettre où on lit les phrases qui suivent :

« Je croyais que Dieu, en permettant la chute de la souveraineté pontificale, jetait lui-même au milieu de ces vastes bouleversements européens les fondements d'une grande monarchie, afin que les Papes pussent une seconde fois, quoique sujets, gouverner sans de graves inconvénients l'Église universelle.

« Quelque douloureuse que fût la perte des domaines du Saint-Siége, je croyais que le Seigneur pouvait en tirer de grands avantages pour son Église, et cette pensée ne servait pas peu à me confirmer dans ma manière de voir.

« Je pensais que la perte du domaine temporel et de la plus grande partie des biens ecclésiastiques ferait cesser ou affaiblirait cette jalousie et cette mauvaise disposition que l'on a partout contre la cour romaine et contre le clergé ; que les Papes, déchargés du pesant fardeau de la principauté temporelle, qui ne les oblige que trop à sacrifier une partie d'un temps si précieux aux affaires séculières, pourraient tourner toutes leurs pensées et tous leurs soins au gouvernement spirituel de l'Église ; que l'Église romaine, dépouillée du lustre et de la pompe des honneurs, ne verrait plus entrer dans son clergé que ceux *qui bonum opus desiderant* ; et que les Papes n'auraient plus tant d'égard à la naissance, à la recommandation des cours, dans le choix de leurs ministres et conseillers, et, en général, dans les promotions romaines, dont on pourrait souvent dire : *multiplicasti gentem, sed non magnificasti lœtitiam*. Enfin, on n'avait plus lieu de craindre que les décisions fussent jamais influencées par des considérations politiques matérielles, dont le poids, jeté dans la balance, aurait pu la faire pencher vers une condescendance excessive. »
(Mémoires du cardinal Pacca. I, 22, 23.*)*

Cette nécessité de la résignation chrétienne, fondée sur une foi entière en la Providence, apparut-elle à Pie VII dans sa captivité de Savone comme elle s'était présentée à son ministre dans la prison de Fénestrelles ? Ce qui est certain, c'est que le saint Pontife, tenant toujours la France et ses évêques pour très-chrétiens et très-catholiques, malgré ses griefs politiques contre l'Empereur des Français, ratifia expressément les cinq articles du décret du concile national du 5 août 1811, par un bref du 20 septembre suivant, adressé aux membres du concile, et dans lequel Sa Sainteté s'exprimait en ces termes :

« Voulant venir au secours de l'Église, et éloigner autant qu'il est en notre pouvoir et avec l'aide de Dieu les grandes calamités qui la menacent, après en avoir mûrement délibéré avec nos vénérables frères, les cinq cardinaux de la sainte Église romaine et notre vénérable frère l'archevêque d'Edesse, notre aumônier, en nous attachant à la teneur des concordats, en vertu de notre autorité apostolique, nous approuvons et nous confirmons les articles rapportés ci-dessus, lesquels sont conformes à nos vues et à notre volonté. »

Les libertés de l'Église gallicane et le droit public de la France sortaient donc triomphants, et les croyances catholiques intactes, du grand conflit qui avait éclaté entre le Pape et l'Empereur. Il y avait eu pourtant perte de ses États et de sa liberté pour le Souverain-Pontife, et excommunication pour le potentat; et toutes ces violences, grâce à la distinction du spirituel et du temporel victorieusement soutenue par les évêques de France, toutes ces violences n'avaient pu suspendre, un seul jour, ni l'empire des lois pour les magistrats et les citoyens, ni l'exercice du culte, l'administration des sacrements et aucuns des services indispensables aux besoins de l'âme, pour les pasteurs et pour les fidèles. Ainsi se trouvait vérifiée cette sage remarque de Portalis dans son rapport sur le concordat: « L'influence du Pape, réduite à ses véritables termes, ne saurait être incommode à la politique. »

Les néo-catholiques, contrariés dans leur zèle ultramontain par le souvenir des maximes que l'épiscopat français consacra comme traditions nationales sous le premier Empire, ont essayé, il est vrai, d'affaiblir l'autorité du concile de 1811 en disant *qu'il y eut alors dans le clergé de France quelques hommes qui, éblouis par les feux du génie et le soleil de la gloire, ne reconnurent pas toujours la ligne du devoir, et qu'il y eut des faiblesses devant la force qui courbait le monde.*

Mais cette explication outrageante pour les vénérables prélats qui présidèrent au rétablissement du culte catholique en France au commencement de ce siècle, trouve heureusement un éclatant démenti dans l'histoire. L'épiscopat n'éprouva alors ni éblouissement, ni défaillance, et, loin de faiblir et de s'écarter de la ligne du devoir, il montra autant de fermeté et de courage pour réclamer avec instance la liberté du Saint-Père qu'il en avait apporté à la défense des libertés gallicanes et des droits de la souveraineté temporelle. Ne vit-on pas l'évêque de Troyes, celui-là même qui avait rédigé la lettre énergique du 25 mars 1810, dans laquelle le Pape était supplié de ne pas réduire l'Église de France à pourvoir elle-même à sa conservation ; ne vit-on pas l'abbé de Boulogne poursuivi un an après et jeté en prison pour s'être fait le champion trop hardi de la Papauté captive ?

Quels étaient, d'ailleurs, les prélats influents qui parvinrent à rendre possible un rapprochement entre Pie VII et Napoléon, et qui avaient préparé à Savone le décret, signé par les membres du concile national après plus de quarante jours de discussion et d'incidents orageux, et revêtu, dès le 20 septembre, de la sanction pontificale (1)?

(1) L'Empereur fit insérer au Bulletin des Lois le décret du Concile

M. Thiers n'a fait que rendre justice au noble caractère de ces infatigables médiateurs, lorsqu'il a dit :

« MM. de Barral (archevêque de Tours), Duvoisin (évêque de Nantes), Mannay (évèque de Trèves) ne cherchaient point à s'emparer de Napoléon pour leur avantage personnel; car M. Duvoisin, notamment, ne voulant perdre aucun moyen de contribuer au bien en se faisant soupçonner d'ambition, avait refusé toutes les promotions que Napoléon lui avait successivement offertes. Ces prélats, tout en déplorant le caractère dominateur de Napoléon, qui voulait placer l'Église dans la dépendance de l'Empire, tout en étant profondément affligé des violences qu'il s'était permises envers le Saint-Père, étaient d'avis, toutefois, que, puissant comme il l'était, destiné sans doute à fonder une dynastie, *ami de l'Église quoique n'ayant que la croyance d'un philosophe*, doué de tous les genres d'esprit, et maniable quand on savait ne pas le heurter, il fallait chercher à le calmer et à le diriger, au lieu de l'irriter par une opposition qui n'était que trop facile à deviner, car elle n'était *ni*

approuvé par le Pape; mais il déféra le bref contenant les motifs de cette approbation au conseil d'État comme entaché d'ultramontanisme.

religieuse, ni encore moins libérale, MAIS ROYALISTE. »

« L'Église, pour dominer, avait employé quelquefois l'intrigue; ne pouvait-elle pas, quand il s'agissait, non de dominer, mais d'exister, employer la prudence, afin de diriger un homme de génie tout-puissant? Beaucoup de gens, d'ailleurs, craignaient de voir, dans Napoléon, un nouvel Henri VIII, prêt à pousser sa nation dans une sorte d'indépendance religieuse qui aurait fini par un véritable protestantisme (1). »

C'était donc un acte de prudence et non de faiblesse que l'épiscopat avait accompli quand il avait puisé dans les articles organiques, conformes, d'ailleurs, aux anciens canons, un moyen de remédier à l'abus que le Saint-Siége pouvait faire du refus d'instituer canoniquement les évêques nommés par l'Empereur. Si la condition d'un délai, ajoutée à la nécessité de

(1) *Hist. du Consulat et de l'Empire*, XIII, 115-116. M. Thiers pense avec raison, selon nous, que si le vénérable supérieur de Saint-Sulpice, l'abbé Emery, membre du conseil ecclésiastique, eût vécu jusqu'à la réunion du concile, il eût partagé l'opinion modérée de MM. de Barral et Duvoisin. Mais l'illustre historien croit aussi que le Pape avait raison en principe de vouloir conserver intégralement, et sans réserve, le droit d'instituer les évêques. Il voit dans la fixation d'un terme un amoindrissement illogique de la souveraineté spirituelle. Reste à savoir si cet amoindrissement, qui n'aurait pu être allégué avant le concordat de François Ier, n'était pas le meilleur préservatif de l'anéantissement de l'autorité pontificale en France.

l'intervention pontificale, atténuait l'une des prérogatives concédées au chef de la catholicité dans le royaume très-chrétien, au seizième siècle, elle écartait aussi l'occasion et le prétexte de rompre le lien catholique en France, au dix-neuvième ; de faire appel au protestantisme, comme beaucoup le craignirent, en 1810, sous Napoléon Ier, comme quelques-uns ont été poussés à le faire, en 1860, sous Napoléon III, par les provocations ultramontaines.

Honneur donc aux prélats qui surent découvrir le royalisme sous le manteau religieux dont il se couvrait, et qui l'empêchèrent de brouiller le catholicisme romain avec l'Église et l'Empire de France !

XIII

Mais le royalisme, caché derrière le papisme, avait de profondes racines dans le passé et des appuis haut placés dans le présent ; il ne se tint pas pour battu par la double apparition du décret du concile et du bref du Pape. Toujours à l'affût des événements et comprenant toute la puissance du secours qu'il pourrait tirer d'un pontife en rupture ouverte avec Napoléon et réfugié au milieu des ennemis de la France, il put intéresser deux gouvernements étrangers à une tentative d'enlèvement du Saint-Père, au moment où l'Empereur des Français conduisait ses armées en Russie.

« J'étais en exil à Reims, avec mon oncle le car-« dinal Brancadoro, a dit le cardinal Bernetti ; jeune « et actif, on m'employait dans les missions péril-« leuses, et le cardinal Consalvi daignait me témoi-« gner quelque confiance. Un jour, il me dit : — Il « serait très-possible que d'ici à peu de temps j'eusse « besoin de vous envoyer en Angleterre. Là-dessus, « Son Éminence m'initia au projet formé par les An-« glais, d'accord secrètement avec l'Autriche. Le « Pape, entre les mains de Bonaparte, était un « otage qu'il importait d'enlever ; car, le Pape mort, « le conclave ne pouvait s'assembler que par la per-« mission de l'Empereur des Français. Or, l'Angle-« terre ne voulait pas lui laisser ce droit, et l'Autri-« che encore bien moins. Il fut donc convenu que « l'on s'arrangerait pour gagner un geôlier subal-« terne du Saint-Père, car il n'avait avec lui ni car-« dinal, ni prélats, ni domestiques dévoués. Tout « était aux ordres de Bonaparte. Une dame française,

« épouse d'un des principaux administrateurs du « pays, s'offrit presque providentiellement pour « faire évader le Pape. Elle arriva jusqu'à lui et le « prévint de ce qui allait être tenté. Elle lui indiqua « les signaux qui devaient être faits de la frégate et « les moyens que le Saint-Père trouverait à sa dis- « position au moment de la fuite. Le Saint-Père et « cette dame furent seuls dans le secret. La frégate « croisa près de Savone, mais elle ne fit pas les si- « gnaux convenus.

« Plus tard, ajoute le cardinal Bernetti, lorsque, « par les diverses fonctions dont je fus chargé à « Rome, je me trouvai en rapports quotidiens avec « le cardinal Consalvi, je lui rappelai ces circons- « tances de notre exil, et il m'expliqua la chose, « qu'il avait apprise pendant son voyage à Londres, « de la bouche même du prince régent. Le projet « d'enlever le Saint-Père et de le conduire en Sicile « ou à Malte *avait bien été arrêté pendant le concile « de Paris.* Le Pape y avait adhéré ; mais le gouver- « nement britannique eut vent que ses desseins n'a- « vaient pas échappé à la police de Bonaparte ; elle « était très-portée à préparer et exécuter un contre- « projet. Dans la crainte d'exposer la vie du Souve- « rain-Pontife, ou d'aggraver encore sa situation ou

« celle du Sacré-Collége, l'Angleterre renonça à son « plan ; puis, quelques semaines après, comme pour « donner raison à sa prudence, le Pape fut enlevé « de Savone et transféré au château de Fontaine- « bleau (1). »

Ainsi Pie VII, après avoir donné son adhésion à la note qui fut portée au concile pour y être laborieusement transformée en décret, et au moyen de laquelle il rendait le rôle de Henri VIII impossible à Napoléon et consolidait en France la religion catholique; ainsi Pie VII, en voie de se réconcilier avec l'Empereur, ayant l'offre de choisir Rome, Avignon ou Paris pour résidence, avec l'assurance d'une liberté entière pour l'exercice de sa souveraineté spirituelle et la promesse d'un revenu de deux millions sans aucune des charges pour l'entretien de la cour pontificale laissées au trésor impérial: ainsi Pie VII, fatalement exaspéré par la durée de ses persécutions et par les cruels ennuis de sa prison solitaire, se laissait entraîner comme Pie VI à se jeter dans les bras de l'Angleterre et à préférer l'assistance suspecte d'un gouvernement schismatique à une réconciliation sincère avec le chef de la France catholique, au risque d'é-

(1) Crétineau-Joly. *L'Église romaine devant la Révolution*, I, 441-442.

tendre encore l'empire déjà si vaste du schisme par une aussi aveugle et aussi dangereuse préférence. Et ce fut pendant le concile de 1811 que cette imprudence se commit, que la trame austro-anglaise reçut l'adhésion du Pape ! M. Thiers a donc eu raison de dire que l'opposition qui surgit tout à coup dans cette assemblée n'était ni religieuse ni encore moins libérale, mais royaliste.

Dieu sait quels plus grands orages, quels graves périls, la police française détourna du monde religieux, en faisant abandonner, par sa vigilance et ses découvertes, le projet d'enlèvement du Pape par les Anglais. Napoléon pouvait être poussé à bout et se porter aux dernières extrémités, en apprenant que le guide spirituel de la majorité de ses sujets, mu par des considérations d'ordre temporel et cédant à des manœuvres de parti, au lieu d'accepter les offres d'un potentat qui voulait rester le fils aîné de l'Église, venait de passer aux ennemis de la France, qui étaient aussi ceux de la communion romaine. Cette épreuve suprême fut épargnée au glorieux soldat et au saint prêtre qui avaient relevé ensemble, depuis peu d'années, les autels du catholicisme dans la république française. Quand le chef de l'État et le corps des évêques, malgré leurs tribulations plus ou moins secrètes et vives, gardaient intimement le sincère désir et manifestaient solennellement la ferme résolution de maintenir le lien spirituel qui les rattachait au successeur de saint Pierre, il était évident que rien n'était préparé ni disposé en France pour l'essai périlleux d'une religion nationale. Ceux-là donc auraient assumé une lourde responsabilité, qui seraient venus provoquer un brusque revirement dans cet antique et vaste domaine du catholicisme et réduire les peuples à considérer comme ennemie et à ne pouvoir plus reconnaître comme indispensable, la plus haute autorité de l'Église universelle.

Pendant que Pie VII, dans sa prison de Savone, refusait, avec persistance, d'aller exercer librement, de Paris, d'Avignon, ou de Rome même, sa toute-puissance spirituelle sur l'univers catholique, entourée de toutes les ressources matérielles qu'il aurait pu désirer pour la splendeur du trône pontifical, et dont la privation, imposée durant les huit premiers siècles de l'Église à ses prédécesseurs, n'avait pourtant pas été un empêchement pour l'extension du pouvoir des clefs, pas plus que pour la pureté et la propagation de la foi; Napoléon apprit que ce malheureux pontife, fatalement excité à incliner vers les ennemis de la France, continuait de défendre aux chapitres d'obéir, soit aux évêques nommés et non institués, soit aux administrateurs provisoires chargés de les remplacer. L'Empereur, vivement irrité, demanda un rapport sur l'un des actes de cette nature concernant l'administrateur du siége de Florence, et quand il l'eut obtenu, il ordonna qu'il fût imprimé et publié avec le bref du Pape ; et, repoussant ensuite l'avis d'un conseiller d'État qui regardait la publicité de ces faits comme dangereuse, il s'écria :

« Je désire au contraire cette publicité. Il faut que toute l'Europe connaisse ma longanimité, la provocation du Pape et le motif des mesures que je me dispose à prendre pour réprimer et prévenir désormais des actes semblables. C'est un crime de la part du chef de l'Église d'attaquer un souverain qui respecte les dogmes de la religion. Je dois défendre ma couronne et mon peuple, l'univers entier contre ces entreprises téméraires qui, trop longtemps, ont avili les rois et tourmenté l'humanité. L'audace par laquelle le Pape se signale aujourd'hui ne vient que de la trop grande bonté avec laquelle il a été traité. Dans le temps que la religion était dans cet état d'agonie d'où je l'ai tirée, les Papes et leur conseil, dominés par la crainte, cédaient à toutes les impulsions. Pie VI et ses cardinaux firent chanter un *Te Deum* pour le rétablissement de la république romaine. Peu après, Chiaramonti, alors évêque d'Imola, prêchait, publiait des mandements, se transportait partout, pour seconder le général de la République et les armées françaises. Pie VII, trop ménagé, enhardi par trop de condescendance, ose lutter contre le chef de l'Empire. Sa déloyauté, ses liaisons perfides avec les Anglais, lui ont fait perdre ses États. En le reléguant à Savone, j'avais bien voulu lui laisser la correspondance avec les diverses Églises : il a encore abusé de cette liberté. La foi jurée, les traités, le concordat, qui doit nécessairement s'étendre aux pays qui passent sous la domination française, rien n'est sacré pour lui. Il voit, de sang froid, plusieurs Églises de France privées de pasteurs, la capitale même de l'Empire n'a pas d'archevêque. Qu'est ce bref adressé au chapitre de Florence, sinon un ordre de ne pas reconnaître l'Empereur des Français? Un Pape qui prêche la révolte aux sujets n'est plus le chef de l'Église de Dieu, mais le pape de Satan.

« Il est temps de mettre un terme à tant d'audace, d'usurpation, et de désordres. La Providence m'a, je crois, appelé à faire rentrer dans ses justes limites cette autorité pernicieuse que les Papes se sont arrogée, à en garantir la génération présente et en délivrer à jamais les générations futures.

« Que du moins on prenne en France, contre cette autorité incessamment envahissante, les mêmes précautions que chez les autres puissances de l'Europe. D'ici à huit jours, un projet sera présenté au Sénat pour rétablir le droit qu'ont toujours eu les empereurs de confirmer la nomination des Papes, et pour qu'avant son installation le Pape jure entre les mains de l'Empereur des Français soumission aux quatre articles de la déclaration du clergé de 1682. Si les articles sont orthodoxes, pourquoi les Papes les repoussent-ils ? S'ils ne sont pas conformes à la croyance des Papes, les Papes et les Français ne sont donc pas de la même religion ? »

Tout en proférant ces violentes récriminations et en appuyant sur la menace de reprendre la prétention des anciens empereurs au sujet de la nomination des Papes, Napoléon ne cessait pas de rester maître de lui-même et d'apprécier, comme il l'avait toujours fait, le danger de blesser les susceptibilités religieuses, les préjugés même d'un peuple. Aussi s'abstint-il sagement de donner suite à sa menace, et quand il eut fait transférer Pie VII à Fontainebleau, après la découverte du projet d'évasion de Savone, préféra-t-il agir sur le Pontife en le faisant conseiller par des cardinaux étrangers aux intrigues ourdies contre l'Empire et exempts de préventions à l'égard des doctrines gallicanes, plutôt que de chercher à l'intimider et à le contraindre.

XIV

Napoléon eut bientôt à s'applaudir de cette résolution. Les cardinaux *rouges*, comme les ultramontains affectaient de les appeler, amenèrent le Pape à signer un nouveau concordat qui renfermait une adhésion à tout ce que l'Empereur avait voulu établir dans les articles organiques tant repoussés par le Saint-Siége, au sujet de l'institution canonique et de la déclaration de 1682. Ce concordat fut conclu le 25 janvier 1813. L'esprit de parti s'est efforcé d'en faire l'œuvre de l'astuce, de l'hypocrisie, et même de la violence. Un écrivain qui ne doit pas être suspect aux admirateurs passionnés de la théocratie romaine, M. Crétineau-Joly, s'est chargé de faire justice de cette dernière accusation. « Il a été dit et écrit, dit-il, que, dans les rapides entretiens de Fontainebleau, Napoléon s'était porté contre le Pape à des menaces et à des violences sacriléges. On a même parlé d'une scène où Pie VII, traîné par les cheveux, aurait signé, sous la contrainte, l'acte du 25 janvier 1813. Pour l'honneur de l'humanité, ces faits sont absolument faux, et le Pape lui-même les a toujours niés. Afin de maîtriser ce vieillard épuisé et dont personne ne songe à soutenir le courage, il n'était besoin ni de colère ni de brutalité. Le prestige de l'Empereur, ses promesses, *les témoignages de vénération dont il entourait le captif*, et surtout le passage subit d'une prison à la liberté, de la servitude de l'Église à son affranchissement, rendaient inutiles les objurgations et les voies de fait. »

Ce fut pourtant à l'aide de cette imposture, soigneusement propagée par l'opposition, qui n'était ni religieuse ni libérale, mais royaliste, que les ennemis de Napoléon s'efforcèrent de le rendre odieux à la nation.

Pie VII signa donc sans contrainte l'acte du 25 janvier 1813. Mais il fut obsédé, trompé, séduit, disent les ultramontains, par les cardinaux et les évêques gallicans dont Napoléon l'avait entouré, et par Napoléon lui-même. Le saint vieillard, brisé par la captivité, dévoré par la fièvre, ne pouvait plus opposer que la résistance d'un mourant aux sollicitations perfides et aux instances hypocrites habilement organisées autour de lui. « Il avait été préparé de longue main, ajoute-t-on, aux étranges concessions exigées de lui; il les accorda, il les signa sans presque les discuter. » (*L'Église devant la Révolution*. I. 445.) « Pie VII, dit aussi la *Biographie universelle*, était âgé de soixante-onze ans. Sa vie, desséchée par les douleurs, des désordres de santé, une sanglante disurie, le dégoût des aliments; sa sensibilité excitée par le désir de revoir les cardinaux qu'on retenait prisonniers; l'instance importune de Bertazzoli qui le pressait de tout accorder; les supplications de ceux des cardinaux italiens (Doria, Dugnani, Ruffo) qui traitaient cette importante affaire et qui le fatiguaient quelquefois de *prévisions menaçantes*, etc.; le silence absolu de toute voix sage, noble, qui vînt relever cette âme flétrie par les souffrances, enfin *les approches de la mort*, tout contribuait à décourager le pontife. Il ne restait plus en ce moment à Pie VII que la faculté d'un mouvement de la main qui peut encore machinalement tracer une signature. » (*Biographie universelle* de M. Michaud. *Supp.* Tome 77, page 136.)

Le Saint-Père était, en effet, physiquement très-affaibli, soit par l'âge, soit par le malheur, soit par la fièvre. Cependant il y aurait exagération à prétendre que la vie fût à peu près éteinte en lui au 25 janvier 1813, et que sa participation à l'acte de ce jour dût être considérée comme purement machinale et comme un symptôme des approches de la mort. N'oublions pas que Pie VII n'a été enlevé à l'Église que dix ans après, par un accident, et qu'il a exercé son suprême pontificat pendant ces dix années sans laisser apparaître aucune trace de l'anéantissement moral que l'on a cru devoir supposer ou exagérer pour atténuer l'importance de sa signature sur le concordat de Fontainebleau. Ce vénérable Pontife a d'ailleurs démenti lui-même cet affaissement absolu dont on veut lui faire une excuse. Il se plaisait à raconter qu'il lui avait fallu discuter pour obtenir la liberté de ses conseillers de prédilection, les cardinaux Consalvi, Pacca, di Piétri, et leur retour auprès de lui. Napoléon en voulait surtout au cardinal Pacca. « Ce fut alors une *grande bataille*, a dit depuis Pie VII, pour obtenir cette délivrance. » L'Empereur s'y opposait obstinément en s'écriant : *Pacca est mon ennemi;* il finit néanmoins par céder, disant qu'il ne faisait jamais les choses à demi.

Pie VII, après tout ce qu'il avait repoussé des offres et des prétentions de Napoléon, depuis les articles organiques de l'an X, n'avait pu certainement adhérer aux dernières propositions de l'Empereur qu'en faisant violence aux idées dont il s'était nourri sur le siége pontifical et aux préjugés qu'il avait trouvés sous la tiare et défendus constamment comme s'ils avaient fait partie du patrimoine de saint Pierre. Mais dans ce combat contre lui-même, il fit usage de son libre arbitre ; il pesa les raisons que l'on faisait valoir pour le déterminer à accepter le nouveau concordat et les conseils qui lui venaient des lumières et des habitudes de son esprit et qui le portaient à refuser cette acceptation. La persévérance intime fut vaincue en lui par les influences externes, par les *prévisions menaçantes* qui le fatiguaient et qu'il se surprenait peut-être lui-même à trouver fondées. Tout ce qu'il voyait était fait pour lui rappeler les suites douloureuses que l'inflexibilité de Clément VII avait eues pour l'Église romaine. Il pouvait se croire en présence d'un nouvel Henri VIII, et préférer par conséquent une concession qui assurât la durée du lien catholique en France à une obstination capable de le rompre pour toujours. Il pouvait aussi avoir gardé le souvenir et espérer encore le retour des jours de gloire et de joie qui avaient marqué son pontificat, lorsqu'il conclut avec le conquérant de l'Italie la réconciliation du

Saint-Siége avec la France; et il avait dû se rappeler sans doute plus d'une fois, au milieu de ses persécutions, ce que son prédécesseur Paul III avouait au cardinal de Guise :

« Qu'il avait leu ès livres anciens, ouy dire lorsqu'il estoit cardinal, expérimenté comme Pape, que toujours le Saint-Siége a esté florissant, quand il s'est voulu appuyer des roys de France, et que, faisant le contraire, il avait reçu diminution, et toute l'Italie souffert grand perte (1). »

XV

Mais le vieux pontife eut à peine cédé à Napoléon, qu'il se crut en face des cardinaux selon son cœur et qui allaient revenir de la prison et de l'exil, plus irrités que jamais contre leur persécuteur, et encouragés peut-être dans leurs résistances à ce redoutable potentat par le grand revers qu'il venait de subir en Russie. Les regrets du Pape, qu'il exprimait comme si ç'avaient été des remords, devancèrent donc l'arrivée à Fontainebleau des membres dispersés du Sacré-Collége. Une

(1) *Lettre du cardinal de Guise à Henri II.* — Ribier, II, 75.

fois en leur présence, il s'accusa hautement de faiblesse et en des termes qui peignaient la douleur amère et la profonde humilité de son âme. Les cardinaux *noirs* s'empressèrent de le consoler, et ils n'eurent pas de peine à lui faire comprendre que le meilleur moyen d'apaiser les tourments de sa conscience c'était de protester énergiquement contre l'acte surpris à sa religion et à sa vieillesse et qui était l'unique cause de ses insomnies et de ses perplexités. « Quelques-uns pensaient, dit le cardinal Pacca, que le Pape devait par un écrit signé de sa main, déclarer *nuls* et sans valeur les articles du concordat, communiquer ensuite cette déclaration au Sacré-Collége et en faire circuler dans le public des copies manuscrites. Je leur fis observer que ce procédé ne serait pas marqué de ce caractère de loyauté et de bonne foi dont toutes les actions des Papes doivent porter l'empreinte; qu'il ne suffisait pas d'avoir raison pour le fond, mais qu'il fallait encore éviter tout sujet de censure dans la forme. Je dis même que c'était le cas, ou jamais, de concilier les idées politiques du monde avec la sévère morale de l'Évangile. Ne serait-ce pas, ajoutai-je, donner à l'Empereur de justes motifs de plaintes, si le Pape venait à déchirer un contrat solennellement approuvé par les deux parties contractantes, avant de lui avoir exposé les motifs de cette conduite ? *Autant vaudrait tirer à un homme un coup de pistolet par derrière.* Je proposai donc que le Pape se rétractât dans une lettre adressée à l'Empereur. » (*Mémoires du cardinal Pacca.* — II, 156-157.)

Cet avis l'emporta. La lettre à l'Empereur, aussitôt rédigée que résolue, fut ensuite copiée en entier et signée par le Pape. Le colonel Lagorse la reçut des mains du Pontife et la porta immédiatement à Napoléon, le 25 mars.

Le cardinal Pacca, dont l'opinion avait prévalu, a prétendu, sur des lettres venues de Paris à Fontainebleau, que Napoléon, en communiquant la missive pontificale à son conseil d'État, avait proféré de furieuses menaces. « On ajoutait, dit-il, qu'un conseiller d'État, bien connu par ses principes anti-religieux, ayant dit à l'Empereur *qu'il pouvait terminer sur-le-champ ces controverses, en se déclarant lui-même chef de la religion dans l'Empire français;* Napoléon lui répondit : *ce serait casser les vitres ;* paroles qui me confirmeraient dans l'opinion *qu'il n'avait jamais voulu rompre entièrement avec le Pape.* Ce qu'il y a de certain, c'est qu'il garda prudemment le silence sur cette lettre et la regarda comme nonavenue. » (*Ibid.* 174-175.)

C'était tout ce que l'Empereur avait de mieux à faire. Le concordat existait; il était revêtu de la signature du Pape; il venait d'être publié et déclaré loi de l'État. La prudence conseillait, en effet, de laisser au Pontife l'initiative provocatrice d'une éclatante rupture et la responsabilité de ses conséquences. Nous pensons du reste, comme l'illustre conseiller de Pie VII, que si Napoléon fit entendre, à cette occasion, des paroles terribles sous le coup de ses premières impressions, cet accès de colère, tout à fait inévitable, ne le fit pas renoncer à sa maxime favorite, *que c'était à la politique à gouverner les incidents et non pas aux incidents à gouverner la politique;* et nous sommes persuadé que son irritation contre le Pape, quelque violente qu'elle dût être, ne put l'empêcher de conserver à l'égard du catholicisme la pensée dominante de son fameux discours aux curés de Milan, inspiratrice de son premier concordat avec Pie VII.

Mais ce qui nous paraît moins certain, c'est qu'il se soit trouvé dans son conseil d'État, en 1813, quelqu'un qui ait mis en avant la question d'une religion nationale et qui ait osé proposer d'ajouter l'embarras d'un schisme aux difficultés politiques qui surgissaient de toutes parts devant l'Empereur, placé alors entre les désastres de la guerre de Russie et l'ouverture de la campagne de Leipsick. Pourquoi d'ailleurs ce schisme, quand pour contenir le Saint-Siége dans de justes limites et faire respecter la souveraineté de l'État, Napoléon avait, dans ses arsenaux législatifs, ce que nul de ses conseillers ne pouvait ignorer, plus d'armes politiques et civiles, plus d'engagements pontificaux, que n'en avait jamais possédé aucun des gouvernements de l'ancienne et de la nouvelle France : le concordat de 1801, les articles organiques de 1802, le décret du concile et le bref du Pape de 1811, le concordat de 1813, tout cela renfermant une confirmation, même extensive, des libertés consacrées par Louis XIV et Bossuet, et ayant de quoi rassurer pleinement les gallicans, les jansénistes et les philosophes les plus ombrageux, sans parler de ce qui faisait la puissance invincible de toutes ces écritures périssables, la sanction de l'opinion publique ?

L'opinion publique, en effet, quelque sympathie et quelques regrets que les malheurs de Pie VII eussent excités naturellement chez une nation généreuse et au sein de laquelle le catholicisme exerçait toujours la puissance de l'habitude bien plus encore que l'empire de la foi ; l'opinion publique aurait vivement défendu, s'ils avaient couru de sérieux dangers, ces actes que le Pape avait acceptés avec plus ou moins d'hésitation pour les subir ensuite impatiemment et les rétracter avec amertume ; car ces actes, ceux de 1801 et de 1802, par dessus tout, n'étaient que la consécration politique et religieuse à la fois des principales conquêtes de 89 sur les priviléges ecclésiastiques. Oui, si l'on veut bien réfléchir que derrière le concordat et les articles organiques, Napoléon avait voulu abriter, non-seulement la déclaration de 1682, mais l'abolition des dîmes, la vente des biens du clergé, la suppression des ordres monastiques, l'attribution des actes de l'état-civil à l'autorité municipale, on finira par reconnaître que dans la longue lutte, commencée à la publication des articles organiques, entre le Saint-Siége et le Premier Consul, celui des signataires des deux concordats qui agit le plus intelligemment pour que la France restât catholique, ce fut celui qui s'efforça d'empêcher la puissance ultramontaine de reprendre ses errements surannés, et de rendre le catholicisme impossible, pour les générations nouvelles, par des tendances réactionnaires et des prétentions d'un autre âge.

Tout en gardant le silence sur la rétractation du Pape, Napoléon ne voulut pas laisser auprès de Sa

Sainteté le cardinal Di Pietri, qu'il croyait l'auteur de cet écrit et qu'il fit conduire à Auxonne. Mais cet acte de rigueur n'intimida point les autres conseillers de Pie VII, restés à Fontainebleau, et qui s'appliquèrent au contraire à prendre leurs mesures contre les projets qu'ils supposaient à l'Empereur, en prévision de la mort du Pape dont la santé était toujours très-affaiblie.

« Quelques-uns d'entre nous, dit le même cardinal dont nous avons déjà cité les intéressants Mémoires, s'occupèrent d'un travail aussi important qu'épineux ; *ils dressèrent une bulle pour régler les dispositions du futur conclave*, au cas que la mort de Pie VII fût venue se joindre à tant de malheurs....... Il fallait, pour faciliter l'élection du futur Pontife, *déroger aux anciennes constitutions apostoliques*, sans toutefois ouvrir la porte aux graves inconvénients que les Papes avaient voulu éviter par ces mêmes constitutions ; *il fallait par dessus tout chercher à échapper aux prétentions et aux entreprises du gouvernement français, qui sans doute aurait voulu diriger l'élection du Pape ; il fallait enfin que les nouveaux règlements enchaînassent pour ainsi dire les cardinaux, et les missent dans l'impossibilité de se laisser entraîner soit par la peur, soit par des vues humaines.*

« Le général Bonaparte, dans la guerre d'Italie, ajoute le cardinal Pacca, avait fait entendre au cardinal Mattéi, dans un entretien qu'il eut avec lui à Tolentino, que le gouvernement français avait des vues sur l'élection future des Papes. Devenu depuis empereur et souverain de Rome, on pouvait craindre avec raison que, considérant le Pape comme évêque d'une ville soumise et tenant le Sacré-Collége sous son pouvoir, il n'affichât, en cas de vacance du Saint-Siége, l'étrange prétention de nommer les Papes, ou du moins de confirmer leur nomination, à l'exemple des anciens rois d'Italie et des empereurs de Constantinople. Nous dressâmes donc la bulle avec toute la sagesse possible, et le Saint-Père l'écrivit tout entière de sa main. » (*Ibid.* 195-196.)

Prévoyance inutile ! Le Pape devait régner et vivre plus longtemps que l'Empereur tant redouté ?

Mais les cardinaux noirs qui possédaient toute la confiance du Pontife ne se bornaient pas à lui dicter des bulles, pour régir le temps où il ne serait plus, pour faire en quelque sorte d'avance la nomination de son successeur par des règlements enchaînant le Sacré-Collége. Le sage et habile conseiller de Pie VII, auquel nous devons tant de précieuses révélations, nous apprend lui-même que, pendant son séjour à Fontainebleau, il s'occupa *de fournir au Pape des lumières utiles au cas qu'il vînt à remonter sur la chaire de saint Pierre, et qu'il aimait surtout à l'entretenir du rétablissement de la Société de Jésus pour laquelle il témoignait de l'estime et de l'affection.* Après avoir rappelé que Barnabé Chiaramonti, étant jeune bénédictin, avait eu des maîtres et des lecteurs *anti-jésuites*, il raconte qu'on lui avait inspiré à lui-même, dans son adolescence, des sentiments d'aversion et même une sorte de fanatisme contre la Société de Jésus, en lui mettant dans les mains les fameuses *Lettres provinciales* avec des notes de Nicole qu'il trouve encore plus détestables que le texte, et *la Morale pratique* d'Arnaud, *et autres livres du même genre qu'il lisait et croyait de bonne foi;* puis il s'écrie:

« Qui aurait pu prévoir alors que le premier acte du bénédictin Chiaramonti, devenu Pape, au sortir d'une affreuse tempête, en présence de tant de sectes acharnées contre la Société de Jésus, serait le rétablissement de cette Compagnie dans l'univers catholique, et que je serais celui qui préparerait les voies à son nouveau triomphe, et auquel le Pape confierait l'agréable et honorable exécution de ses ordres souverains ? » (*Ibid.* — II. 209-210.)

XVI

L'étranger devenu maître de la France, l'Empire tombé, l'Empereur exilé à l'île d'Elbe, Louis XVIII installé aux Tuileries, le Pape rentré à Rome et le cardinal Pacca devenu ministre par intérim, l'univers catholique apprit, en effet, que la Société de Jésus, abolie le 17 août 1773 par Clément XIV, venait d'être rétablie, le 7 août 1814, par un bref de Pie VII.

La résurrection des jésuites et la restauration des Bourbons, tout à fait contemporaines, sont-elles destinées à raviver par un concours providentiel, ou à compromettre par une fatale coïncidence, le culte catholique dans l'ancien patrimoine des fils aînés de l'Église ?

L'histoire va nous le dire.

Louis XVIII n'avait pas encore octroyé la charte, que Pie VII, empressé de féliciter ce prince à l'occasion de son rétablissement sur le trône de ses pères, lui conseilla de ne pas accepter la constitution du Sénat, de repousser la liberté des cultes, de rendre à l'Eglise de France une dotation immobilière, et il le supplia en même temps de restituer le comtat Venaissin au Saint-Siége.

Pendant que le Pape faisait parvenir en France des conseils et des demandes aussi étranges, on s'apprêtait à Paris à réclamer l'intervention de Rome pour des mesures non moins déraisonnables. Le concordat de 1801 était condamné par l'esprit dominant dans ces deux capitales. Il avait le tort d'avoir imprimé un caractère sacré aux conquêtes de la révolution et fait par là beaucoup de mal à l'ancien régime clérical et à l'ancien régime féodal. « Les prêtres, dit M. Thiers, plus imprudents encore que les émigrés, commencèrent dans les provinces à tenir en chaire un langage des plus dangereux. Ils prêchèrent publiquement contre le concordat, contre la vente des biens d'Église, contre celle des biens d'émigrés, et poussèrent la témérité jusqu'à refuser les sacrements à des acquéreurs qui mouraient sans avoir *restitué*, selon une expression qui devint alors usuelle.

« Ils ne bornèrent pas leurs attaques aux acquéreurs de biens nationaux, ils les étendirent au clergé modéré, à celui que le concordat avait institué, et rallumèrent la discorde dans le sein de l'Église... Les Bourbons dans leur exil avaient senti la portée du concordat, ils l'avaient plus redouté, plus entravé, plus haï qu'aucun des actes de Napoléon, ils avaient contribué par leur influence à empêcher beaucoup de prélats de donner au Pape la démission qu'il leur demandait. En effet, treize de ces prélats l'avaient refusée et dix ou douze vivaient encore... Les princes de la maison de Bourbon, liés par la constitution du Sénat, devenue *la Charte*, étaient obligés en politique, en administration, à respecter certains principes ; mais libres en matière religieuse, parce qu'on avait omis de consacrer le concordat, ils voulaient en cette matière rétablir le passé purement et simplement.

« Certes, ajoute l'illustre historien, les révolutions qui se jettent follement vers l'avenir sans tenir compte du présent, sont souvent bien extravagantes ; mais les contre-révolutions, qui veulent revenir vers un passé impossible, ne le sont pas moins, et on ne peut s'empêcher de le sentir en voyant Louis XVIII demander l'abolition du concordat au Pape qui lui redemandait Avignon ! » (*Histoire du Consulat et de l'Empire*. XVIII. 245 et suiv.)

Quel concours de pensées réactionnaires ! Quel échange empressé de témérités rétrospectives et d'exigences insensées ! Les émigrés du Vatican, aveugles émules de ceux de Versailles, s'appliquaient à l'envi à faire dire d'eux qu'ils n'avaient *rien oublié ni rien appris.* La vieille royauté et l'antique Papauté s'accordaient à vouloir détruire le concordat, cette *paix de l'Église*, dont M. Thiers a fait judicieusement l'un des trois titres éclatants de Napoléon à l'Empire ; et tandis que Louis XVIII anoblissait les chouans et élevait des statues à Pichegru et à Moreau, Pie VII, incliné devant l'ombre du fondateur de la Société de Jésus, dont il rappelait et exaltait les milices, et trop oublieux de ses publications pastorales d'Imola en faveur de la démocratie, Pie VII réclamait le démembrement de la France, au profit du Saint-Siége, et conseillait au fils aîné de l'Église de refuser des institutions constitutionnelles à la nation qui avait lutté pendant vingt-cinq ans contre l'Europe entière pour les établir et les conserver.

La cour des Tuileries ne voulut pas attendre que le concordat fût aboli pour essayer, dans la pratique administrative, la réaction religieuse qu'elle réservait à la France. Dès le 7 juin 1814, trois jours après la promulgation de la charte, le directeur général de la police, M. Beugnot, publia une ordonnance sur l'observation du dimanche, qui était un véritable défi à l'esprit des générations élevées au bruit des conquêtes de 89, et nourries des bienfaits moraux et matériels de cette grande époque.

« L'effet fut le même dans presque toutes les classes, dit M. Thiers, et le gouvernement qu'on appelait *un gouvernement d'étrangers, de nobles, d'émigrés*, fut appelé en outre *un gouvernement de dévots*, et les frondeurs qui se raillaient déjà de sa politique, se raillèrent bien davantage de sa dévotion. L'impression fut assez forte pour troubler le conseil, et pour attirer à M. Beugnot, de la part de M. le duc de Berry, des reproches fort durs, en un langage tout à fait soldatesque. — « Vous voulez, lui dit-il, nous faire passer pour des *bigots*, et vous ne pouviez pas choisir une manière plus sûre pour nous dépopulariser en France. »

M. Beugnot devait subir avec résignation cette violente apostrophe et s'abstenir respectueusement d'opposer au jeune prince les hautes garanties derrière lesquelles aurait pu s'abriter la responsabilité du directeur général de la police.

Cependant, Napoléon, attentif, dans sa prison de l'Ile d'Elbe, à tout ce qui se passait sur le continent, et l'oreille toujours ouverte à chaque nouvelle rumeur venant de Vienne, où les vainqueurs de l'Empire s'ingéniaient à refaire une Europe à leur convenance, Napoléon suivait de son œil perçant le double mouvement rétrograde des prêtres et des nobles couverts de l'appui de la Papauté et de la royauté. Une fois bien convaincu que ses ennemis religieux et politiques avaient surabondamment prouvé qu'ils ne savaient rien, qu'ils ne pouvaient rien, qu'ils ne voulaient rien de ce qui était possible et nécessaire, dans la France régénérée, en matière de lois civiles et d'institutions religieuses, il brisa ses fers et reprit le chemin des Tuileries, où il arriva en quelques jours sans avoir eu besoin de brûler une amorce.

Mais en reparaissant sur le sol français où il se sentait ramené par les fautes et les imprudences du *gouvernement des étrangers, des émigrés et des dévots*, Napoléon chercha-t-il à exploiter l'impopularité que les prêtres et les nobles s'étaient attirée par leur attitude irritante, par leurs démonstrations provocatrices, par leur déchaînement contre-révolutionnaire?

A l'égard des nobles, il se contenta de signaler et de réprouver ceux qu'on avait vus pendant vingt-cinq ans parcourir toute l'Europe pour susciter des ennemis à la France, et il remit ensuite en vigueur les décrets de l'Assemblée constituante portant abolition de la noblesse et des ordres de chevalerie.

Quant aux prêtres, il ne laissa pas échapper un mot dans sa proclamation qui pût être pris pour une allusion aux écarts de la chaire et à toutes les excentricités réactionnaires de certains membres du clergé. Ce silence indiquait évidemment que, malgré tout ce que le sacerdoce, depuis le Pape jusqu'aux simples desservants, avait manifesté de violemment hostile aux idées et aux intérêts prédominants en France, l'Empereur revenait de l'exîl avec la résolution qu'il avait gardée sur le trône, au milieu même des plus grandes rigueurs contre le Pape en tant que prince temporel, de ne pas séparer son empire de la communion romaine, tant qu'il y aurait possibilité de maintenir l'État catholique en France, sans engager son indépendance civile, sans compromettre sa souveraineté politique.

Mais Napoléon témoigna de sa persévérance à repousser l'idée du schisme et à conserver le catholicisme, dans son empire, autrement qu'en gardant le silence au sujet des prêtres qui ne s'étaient pas montrés moins exigeants ni moins entreprenants que les nobles durant la première Restauration. Arrivé à Paris, il s'empressa d'écrire à Pie VII pour qu'il ne se méprît pas sur les dispositions qu'il apportait de la captivité et qui n'étaient ni vindicatives ni belliqueuses. « Après avoir présenté au monde, disait-il au Saint-Père, le spectacle de grands combats, il sera plus doux de ne reconnaître désormais d'autre rivalité que celle des avantages de la paix; d'autre lutte que la lutte sainte de la félicité du peuple. La France se plaît à proclamer avec franchise ce noble but de tous ses vœux. Jalouse de son indépendance, le principe invariable de sa politique sera le respect le plus absolu pour l'indépendance des autres nations. Si tels sont, comme j'en ai l'heureuse confiance, les sentiments personnels de votre béatitude, le calme général est assuré pour longtemps, et la justice, assise aux confins des divers États, suffira pour en garder les frontières. Je supplie votre béatitude de croire qu'elle me trouvera toujours très-empressé de lui donner des preuves du respect filial avec lequel je suis son dévoué fils. »

Cette lettre, interceptée au milieu des troubles de l'Italie, ne put parvenir au Pape qui avait quitté Rome pour se réfugier à Gênes, à l'approche des troupes napolitaines commandées par Murat.

Cependant l'Europe légitimiste s'obstinant à refuser toute ouverture de négociation au représentant du vote populaire, Napoléon fut forcé d'aller tenter encore le sort des armes, et lorsqu'il eut perdu sa dernière espérance à Waterloo, les Bourbons rapportèrent de Gand à Paris les plans de contre-révolution dont les événements du 20 mars avaient interrompu l'exécution et parmi lesquels figuraient le projet d'abolition du concordat de 1801.

XVII

La négociation, ouverte sur le projet de retour au concordat de François Ier, en 1814, et confiée à M. de Pressigny, ancien évêque de Saint-Malo, fut reprise après la seconde Restauration, et elle aboutit au concordat de 1817, conclu entre M. de Blacas et le cardinal Consalvi, qui se chargea ainsi d'anéantir de ses propres mains son œuvre laborieuse de 1801.

Mais tandis que l'ancien favori de Louis XVIII préparait à Rome cette grande satisfaction pour les conseillers du Vatican et des Tuileries, le parti clérical, allant au devant des combinaisons diplomatiques et des résolutions royales, s'emparait de l'initiative parlementaire pour amender un projet de loi qui se bornait à augmenter les allocations annuelles du clergé, et pour faire adopter par la Chambre des députés la proposition suivante :

« La dotation de l'Église catholique, apostolique et romaine, se composera désormais : 1° des allocations portées au budget pour dépenses du culte, etc., montant ensemble à 41,621,307 fr., lesquelles allocations seront *immobilisées* et converties en une rente *perpétuelle* d'égale somme à payer à dater du 1er janvier 1816 ;

« 2° Des bois et autres biens provenant de l'ancien clergé, et actuellement entre les mains du gouvernement, lesquels bois et biens seront immédiatement affectés, à titre de *propriété incommutable*, aux établissements ecclésiastiques. »

Mais le vote de cette proposition ayant été annulé faute du nombre de boules exigé pour valider les délibérations, la nouvelle discussion du projet de loi amena le rejet de la conversion de l'allocation annuelle en rente perpétuelle *immobilisée*, et le clergé dut se contenter de reprendre ses biens invendus et d'en ajouter le produit aux 41 millions six cent vingt-un mille trois cents francs, qui lui étaient annuellement attribués.

Les partisans de la rente *immobilisée* ne tardèrent pas à se faire dédommager de cet échec. La majorité, peu avant la cloture de la session, accueillit et vota deux résolutions capitales :

La première, relative à l'Université, était ainsi formulée :

« La religion sera désormais la base essentielle de l'éducation ; les colléges et pensions seront sous la surveillance immédiate des archevêques qui en réformeront les abus ; les évêques pourront augmenter le nombre des séminaires selon les besoins de la religion, les ressources et la population de leurs diocèses ; ils nommeront aux places de principal des colléges et pensions ; le principal nommera les professeurs ; néanmoins les évêques pourront renvoyer, parmi ceux-ci, les sujets incapables ou dont les principes seront reconnus dangereux ; les universités, telles qu'elles existent aujourd'hui, subsisteront et seront sous la surveillance du ministre de l'intérieur ; il sera avisé aux moyens d'allier la religion et les mœurs au soin de faire fleurir les talents littéraires ; la commission centrale d'instruction publique, dont les pouvoirs et les attributions remplacent ceux de l'ancien grand-maître, demeure supprimée. »

La seconde proposition, adoptée trop tard par les députés pour que la Chambre des Pairs pût s'en occuper dans cette session, bouleversait l'ordre civil en France, avec ces quelques mots :

« La tenue des registres de l'état-civil sera remise aux ministres du culte. »

De pareils actes étaient bien faits pour remplir

d'une grande joie et de folles espérances, les fiers et passionnés ultramontains du Vatican aussi bien que les superbes et fougueux ultrà-royalistes du pavillon Marsan. Le Pape et le Sacré-Collége devaient se sentir enhardis à beaucoup exiger dans la préparation du nouveau concordat, en voyant la contre-révolution, devenue souveraine en France, empressée d'accorder au clergé ce que le Saint-Siége avait toujours rêvé et toujours vainement sollicité. Aussi, le cardinal Consalvi obtint-il, de M. de Blacas, des conditions auxquelles il n'aurait pas osé songer quand il était en présence du consul Bonaparte. Foulant aux pieds à la fois les concordats de 1801 et de 1813, les articles organiques de 1802, les décrets du concile et le bref du Pape de 1811, les édits de 1682 et de 1766, et le décret de 1810, qui déclare loi générale de l'Empire l'édit de 1682, il fit reculer l'ambassadeur de Louis XVIII jusqu'au concordat de François 1er, isolé de tout appui traditionnel, et jeté au milieu d'un siècle qui ne pouvait plus le comprendre, sans les auxiliaires qui l'empêchèrent d'être funeste à la France, sans l'esprit gallican des grands rois et des grands prélats de la troisième race, sans la garantie civile et l'indépendance patriotique des États-Généraux et des Parlements.

Mais la réaction cléricale, toute-puissante au palais Bourbon, aux Tuileries et au Quirinal, n'avait pas assez tenu compte, dans ses témérités et ses illusions, de l'opinion de la France et de la prudence de l'Europe. Le plus sage et le plus généreux des ennemis de Napoléon s'émut des extravagances d'un parti qui compromettait la paix générale. La diplomatie russe donna le signal d'arrêt au chef de la maison de Bourbon, pour le retenir sur la pente fatale qui le menait à l'abîme. L'ordonnance du 5 septembre prononça la dissolution de la Chambre *introuvable ;* de nouvelles élections eurent lieu, et lorsque M. de Blacas apporta de Rome le concordat de 1515, ressuscité et amendé au gré des revenants de la théocratie romaine et de l'aristocratie française, il trouva le gouvernement de Louis XVIII en face d'une majorité parlementaire qui, loin d'appartenir à l'émigration, était formée de cette race de légistes habitués à se placer entre les factions extrêmes et à défendre l'autorité royale contre les prétentions excessives des hommes d'armes et des gens d'église.

Le ministère ne voulut pas s'exposer à un échec certain en défendant à la nouvelle Chambre des députés, non-seulement le rétablissement d'un acte exhumé des archives du seizième siècle, mais la consécration légale de coutumes surannées et d'abus tout à fait incompatibles avec l'état religieux et politique du dix-neuvième. Mais comme il était sollicité de haut et pressé de mettre fin au règne du concordat de 1801, il se mit à l'œuvre pour atténuer les dispositions du nouveau traité avec le Saint-Siége, qui étaient de nature à soulever les plus violentes antipathies dans un pays où le souvenir de 1789 s'unissait à celui de 1682 pour rendre ridicule et impuissante toute évocation des fantômes ultramontains du moyen âge. Mais lorsqu'il eut déposé et soumis au parlement le projet amendé et substitué au concordat primitif de M. de Blacas, les chefs du parti clérical se récrièrent; M. de Marcellus écrivit au Pape, pour savoir s'il avait consenti aux changements introduits dans ce concordat par le ministère, ou s'il entendait au contraire le maintenir intact avec les bulles qui s'y trouvaient annexées. Pie VII envoya en réponse à cet honorable député un bref dans lequel il annonçait la ferme résolution de n'abandonner aucune des clauses du concordat du 11 juin et des bulles annexées.

Le ministère, pour se tirer d'embarras, retira son projet de loi et promit d'ouvrir une nouvelle négociation avec la cour de Rome.

Grande fut alors la douleur, et des prélats en exercice, et des évêques destinés à occuper les quarante-deux nouveaux siéges rétablis par le concordat que le ministère enfouissait dans ses cartons.

Cette douleur fut solennellement exprimée au Souverain-Pontife dans une lettre signée par un grand nombre de prélats, et dont nous nous bornerons à citer quelques phrases qui en indiquent suffisamment la pensée fondamentale :

« Après nous avoir laissés dans l'ignorance des projets conçus pour changer les dispositions du concordat de 1817 et des bulles qui en sont la suite ; après nous avoir proposé l'année dernière une réduction de siéges archiépiscopaux ou épiscopaux, dont le rétablissement semblait être la seule difficulté qui s'opposât alors à l'exécution des traités conclus entre Votre Sainteté et le roi, on nous signale tout d'un coup maintenant cette exécution comme étant devenue impossible par des obstacles insurmontables ; on nous annonce qu'il a fallu *entamer de nouvelles négociations.....* On nous parle de faire cesser la viduité d'un grand nombre de siéges, ce que l'on regarde comme le plus pressant besoin de l'Église de France, tandis que ce qui nous paraît le plus pressant et le plus nécessaire pour elle : *c'est d'obtenir un état ferme et convenable* qui lui permette d'affronter de nouvelles tempêtes, s'il en survenait, tel serait, par exemple, l'état où l'aurait placée l'exécution du concordat de 1817. »

La cour de Rome ne dut pas être certainement plus satisfaite que l'épiscopat français du retrait d'un concordat, où elle avait pu se reporter au temps de Léon X, et dont les avantages lui échappaient par la timidité du gouvernement du roi très-chrétien devant les gallicans et les jansénistes du parlement soutenus par les cris de l'opinion publique. Le prêtre qui aurait osé dire alors que le retrait de ce concordat préservait l'Église de *nouvelles tempêtes* au lieu de les provoquer, se serait exposé à passer inévitablement pour un très-mauvais catholique.

A cette même époque, Pie VII, soit qu'il fût refroidi à l'égard des Bourbons par la triste issue de son dernier traité avec la France, soit que le souvenir de ses premières relations avec le consul Bonaparte l'eût emporté sur ses derniers griefs contre l'Empereur Napoléon, Pie VII saisit l'occasion qui lui fut offerte de faire un acte de bienveillance et de justice envers le prisonnier de Sainte-Hélène. Un noble italien, le comte Verri, avait laissé un écrit que son fils voulut soumettre au Pape avant de le publier, et dans lequel Napoléon était déchiré sans mesure.

« Ce manuscrit, dit Pie VII au cardinal Consalvi, contient des passages admirables et quelques erreurs de détail à peu près insignifiantes. Mais arrangez les choses de manière qu'il ne voie pas le jour. Napoléon est malheureux, très-malheureux, *nous avons oublié ses torts, l'Église ne doit jamais oublier ses services. Il a fait en faveur de ce siége ce que nul autre peut-être dans sa position n'aurait eu le courage d'entreprendre. Nous ne lui serons point ingrat.* » (*Lettre du cardinal Consalvi à la duchesse de Devonshire.* — L'ÉGLISE ROMAINE DEVANT LA RÉVOLUTION. Tome Ier. 472.)

XVIII

La majorité gallicane de la Chambre des députés avait bien pu inspirer assez de doutes et de craintes au ministère sur le sort d'un projet de loi qui avait toutes les sympathies de la couronne, de la famille royale et des évêques de France, pour déterminer le cabinet à résister à ces hautes influences et à sacrifier un concordat dont l'avortement maintenait l'État vis-à-vis de l'Église sous le régime des lois de 1802 et du décret de 1810, confirmatifs des édits de 1682 et de 1766. Mais cette majorité constitutionnelle ne pouvait pas empêcher les affiliations religieuses et leurs puissants patrons de la cour et de l'épiscopat, de continuer la réaction politico-religieuse dont le foyer principal était dans la demeure royale même, et qui comptait des organes éloquents, énergiques, savants ou pieux, dans les deux Chambres. La magistrature seule, dans les régions officielles, conservait, à Paris du moins, une répugnance égale à celle de la majorité parlementaire, pour les exagérations cléricales et les doctrines ultramontaines.

Mais lorsque cette majorité se trouva brisée à la suite des changements apportés, en 1820, à la loi électorale, la contre-révolution s'affubla partout du manteau de la religion, puis marcha tête levée sans plus rien dissimuler de ses desseins et de ses espérance. La magistrature parisienne, malgré son isolement, donna le signal de la résistance. Un arrêt de la Cour royale, du 3 décembre 1825, déclara que *ce n'était pas porter atteinte à la religion de l'État que de discuter et combattre l'établissement et l'introduction dans le royaume de toutes associations non autorisées par les lois, et de signaler les excès et les dangers d'une doctrine qui menaçait à la fois l'indépendance de la monarchie, la souveraineté du roi, les libertés publiques garanties par la Charte constitutionnelle et par la déclaration du clergé de la France en* 1682, DÉCLARATION TOUJOURS RECONNUE ET PROCLAMÉE LOI DE L'ÉTAT.

L'esprit parlementaire, fermement représenté par un Séguier, témoignait ainsi de sa fidélité à la tradition nationale. Malheureusement cette tradition ne trouvait pas partout la même constance et le même zèle parmi ses anciens défenseurs. Le roi et le clergé de France se laissaient circonvenir ou dominer par les milices plus ou moins occultes de la cour de Rome. L'ultramontanisme n'avait pas même attendu l'avénement de Charles X pour déployer sa bannière et s'emparer de l'éducation en France. Dès 1823, le général des jésuites, le Père Fortis, écrivant au maire de Chambéry, avait pu lui dire :

« L'état actuel de notre Compagnie en France ne permet pas d'en distraire un seul des individus qui y sont employés, puisqu'ils suffisent, à grand'peine, aux établissements que nous y avons déjà, et beaucoup moins à ceux qu'on nous y offre de toutes parts. »

Cette Compagnie avait accru bien davantage encore, et bien plus vite, son influence, son personnel et son domaine, depuis que la couronne de France avait passé d'un roi réputé *esprit fort* à un prince dévot dont les directeurs spirituels pouvaient aisément gouverner la conscience. Sous les auspices de cette redoutable société, un parti politico-religieux s'était formé, qui peuplait le monde officiel de ses affiliés depuis les plus hautes dignités de la cour, jusques aux postes les plus obscurs des plus petites communes. Les envahissements souterrains, les progrès flagrants et les menées ultramontaines de ce parti ayant été poussés assez loin pour inspirer quelques craintes aux dépositaires de la puissance publique, et l'un des ministres du roi Charles X s'étant cru obligé de demander aux évêques d'exiger, des professeurs de leurs séminaires, une adhésion aux maximes du clergé de France de 1682, un prince de l'Église, un archevêque, après s'être abstenu de répondre à la circulaire ministérielle, expliqua ensuite son silence à l'un de ses collègues dans une lettre qui devint bientôt publique et qui était ainsi conçue :

« Monseigneur,

« Vous me faites l'honneur de me demander si j'ai reçu une lettre de son excellence le ministre de l'intérieur, qui demande aux professeurs de mes séminaires leur adhésion à la déclaration du clergé de

France de 1682, et vous désirez savoir si j'ai répondu à cette lettre et ce que j'ai répondu. Oui, Monseigneur, j'ai reçu comme vous cette missive extraordinaire ; je l'ai reçue même deux fois, et je n'y ai point fait de réponse.

« J'ai eu l'honneur d'écrire la même chose à plusieurs de mes collègues, qui m'avaient donné la même confiance que vous, en me faisant la même demande. Je les ai priés d'observer :

« 1° Qu'autrefois il n'y avait que MM. les professeurs d'Université qui fussent astreints à cette formalité.

« 2° Que l'autorité civile n'avait pas le droit de fixer aux évêques ce qu'ils avaient à prescrire pour l'enseignement dans leurs séminaires.

« 3° Que la formule d'adhésion, telle qu'elle était envoyée, semblait présenter les quatre articles comme une décision de foi, ce qui n'est pas et ce qui nous exposerait à la censure du Saint-Siége.

« 4° Que cette mesure inutile était inconvenante et inadmissible en ce qu'elle contenait l'engagement de professer la doctrine des quatre articles, *profiteri doctrinam*. Elle est de plus ridicule, en ce qu'elle exige que l'on professe et que l'on veuille enseigner, *profiteri et docere velle*.

« 5° Que cette mesure inutile, qui était un nouvel attentat au droit des évêques, déplairait à la Cour de Rome, et était aussi impolitique que déplacée dans un temps où un parfait accord règne entre Rome et la France.

« 6° Que sachant avec quelle sagesse le gouvernement évitait tout ce qui pouvait rappeler les discussions théologiques, toujours dangereuses, je présumais que quelque employé subalterne du bureau du ministère, provoqué peut-être par quelque savant du conseil d'État, avait présenté cette circulaire à la signature du ministre, qui sûrement n'y aura pas fait attention.

« 7° Que ce ne pouvait être que l'œuvre d'un esprit brouillon, et que ce qu'il y avait de mieux à faire était de la regarder comme non-avenue. »

XVII

Les hardiesses de l'épiscopat tombaient dans le domaine de la publicité, en face d'une royauté muette et que l'on disait secrètement consentante, et de deux Chambres où les ennemis des libertés gallicanes restaient souvent maîtres des délibérations et parlaient toujours le plus haut dans les discussions. Un cri d'alarme retentit bientôt dans tout le royaume, et ce ne fut ni un philosophe, ni un jacobin, ni un libéral, qui le poussa, mais un ancien membre du côté droit de l'Assemblée Constituante, ardent royaliste et fervent catholique, le comte de Montlosier.

Dans un *Mémoire à consulter sur un système religieux et politique, tendant à renverser la religion, la société et le trône*, M. de Montlosier dénonça aux cours royales l'existence, l'organisation et les actes de la congrégation.

« Il ne suffit pas à la congrégation, dit-il, de s'être emparée des postes, des deux polices et du ministère; sa domination dans toutes les parties du royaume donne lieu à un nouveau système de surveillance. L'espionnage était autrefois un métier que l'argent commandait à la bassesse ; il est aujourd'hui commandé à la probité... Les classes inférieures de la société sont traitées à cet égard comme les classes supérieures. Au moyen d'une association dite de *Saint-Joseph*, tous les ouvriers sont aujourd'hui enrégimentés et disciplinés... Les villages de la campagne, les officiers de la cour, la garde royale, n'ont pu échapper à la congrégation. Je ne sais rien de positif sur la Chambre des pairs (un historien assure que la réunion des missions étrangères comptait, à elle seule, à cette époque, dix-huit pairs). Pour la Chambre des députés, on y comptait, au mois d'avril dernier, selon les uns, treize membres de la congrégation, selon les autres, cent cinquante..... La congrégation remplit la capitale, mais elle domine surtout les provinces. Elle forme là, sous l'influence des évêques et de quelques grands vicaires affiliés, des coteries particulières. Ces coteries particulières, des magistrats, des commandants, des préfets et des sous-préfets, imposent de là au gouvernement et au ministère. »

Résumant ensuite sa dénonciation, M. de Montlosier la terminait ainsi :

« Les plaintes et les griefs exposés au présent Mémoire peuvent être réduits aux chefs suivants :

« 1° Les grandes calamités que j'ai signalées, savoir : la congrégation, le jésuitisme, l'ultramontanisme, le système d'envahissement des prêtres, menacent la sûreté de l'État, celle de la société, celle de la religion.

« 2° Ces quatre grandes calamités ne sont point dans une espèce nouvelle qui aurait pu échapper à la surveillance ou à la précision du législateur : elles sont notées par nos anciennes lois et chargées de leur anathème.

« 3° Ces anciennes lois ne sont ni abrogées, ni tombées en désuétude ; elles sont dans leur pleine et entière vigueur : elles sont confirmées en plusieurs cas par les lois nouvelles.

« 4° L'infraction portée à ces lois constitue un délit.

« 5° Attendu que ce délit menace la sûreté du trône, celle de la société et de la religion, il se classe parmi les crimes de lèse-majesté.

« 6° Par sa qualité de délit contre la sûreté de l'État, l'action en dénonciation civique n'est pas seulement ouverte, elle est commandée.

« 7° Dans l'ordre juridique, l'action en dénonciation peut être portée pardevant le procureur-général, comme chargé spécialement du ministère public : aux termes de la loi du 20 avril 1810, elle peut être portée concurremment pardevant tous les magistrats des cours royales.

« 8° Dans l'espèce, les dénonciations, soit aux procureurs-généraux, soit aux présidents et aux magistrats des cours royales, me paraissent devoir être faites, non à une seule cour royale en particulier, mais à toutes les cours du royaume à la fois, en ce que ce délit, objet de l'accusation, étant général, l'action en dénonciation semble devoir être également générale.

« Je viens de dire nûment et franchement sur cette matière l'impression qui est en moi. Messieurs les jurisconsultes des cours royales, à qui je la soumets, voudront bien, je les en supplie, la confirmer ou la rectifier.

« Paris, ce 1er février 1826.

« Le comte de MONTLOSIER. »

Le féodal gallican ne resta pas seul sur la brèche. Des pairs de France et des députés, hommes monarchiques et religieux aussi, portèrent à la tribune les inquiétudes et les doléances de la nation. Sur de vives interpellations de M. Agier, conseiller à la cour royale de Paris, l'abbé Frayssinous, ministre des affaires ecclésiastiques, avoua successivement l'existence de la congrégation et le retour des Jésuites, et prit même doucement leur défense ; la Société de Jésus ne possédait, disait-il, que sept petits séminaires ; et il n'ajoutait pas, ce qu'un discours de M. Lainé révéla, que ces établissements renfermaient plus de pensionnaires que les 38 colléges royaux réunis, ceux de Paris exceptés, et qu'ils jouissaient d'une foule d'avantages dont les autres institutions étaient rigoureusement privées.

M. Frayssinous reconnut pourtant qu'une loi était nécessaire pour légitimer le rétablissement des Jésuites, mais il déclara que jusqu'à la présentation de cette loi, ils seraient *tolérés* en France.

« Ainsi, s'écria un orateur qui est aujourd'hui le doyen presque centenaire de nos hommes d'État, ainsi, répliqua M. Pasquier, on peut tolérer l'existence d'une société, d'une communauté d'hommes, qui ne saurait se former sans le consentement du pouvoir législatif; les jésuites peuvent exister *de fait*, bien que l'autorisation des deux Chambres soit indispensable à leur rétablissement. La tolérance remplace la loi; *on tolère* CE QUE LA LOI DÉFEND. »

L'inflexible logicien, qui fut depuis chancelier de France, a eu beau vieillir, il n'a pas vu la loi l'emporter sur la tolérance.

XVIII

Il n'était pas donné aux sages amis de la monarchie et de la religion d'arrêter le torrent ultramontain;

Dieu avait réservé cette tâche et ce succès à d'autres. Le roi, les ministres et les Chambres encouragèrent en secret ou ouvertement la congrégation et les Jésuites. La magistrature elle-même se condamna à l'inaction et se déclara incompétente sur la dénonciation de M. de Montlosier.

L'épiscopat cependant avait été assez ému par le retentissement que le Mémoire de M. de Montlosier avait eu en France, pour se croire obligé de proclamer encore son inébranlable attachement aux maximes de l'Église gallicane. Moins de deux mois après la publication de ce Mémoire, le 3 avril 1826, une *déclaration des évêques de France*, presque conforme à celle de 1682, fut publiée avec la signature de quatorze prélats, cardinaux, archevêques ou évêques, auxquels vinrent bientôt se joindre cinq archevêques et cinquante évêques, dont l'adhésion fut insérée au *Moniteur* (*nos du* 25 *avril et du* 15 *mai* 1826).

L'absence de la signature de l'archevêque de Paris au bas de cette déclaration, ayant été remarquée, l'illustre prélat crut devoir s'en expliquer avec le roi, dans une lettre ainsi conçue :

« Sire, les cardinaux, archevêques et évêques qui se trouvent en ce moment à Paris, ont cru qu'il était bon de rédiger collectivement un exposé de leurs sentiments, sur l'indépendance de la puissance temporelle, *en matière purement civile.* Quoique cet exposé ne porte point ma signature, je n'en professe pas moins la même opinion; et je prie Votre Majesté de me permettre d'en déposer entre ses mains le témoignage par écrit comme j'ai eu l'honneur de lui en faire la déclaration de vive voix.

« *Les considérations que j'ai soumises au Roi*, ajoutait M. de Quélen, *et dans lesquelles la réflexion n'a fait que me confirmer davantage*, ont pu seules m'empêcher de signer un acte qui renferme, touchant les bornes de l'autorité spirituelle, des principes sur lesquels j'ai eu plus d'une fois l'occasion de m'expliquer même en public, et au sujet desquels je ne connais point de discordance parmi les pasteurs et le clergé de mon diocèse. »

Ainsi l'épiscopat tout entier se croyait et se disait le gardien fidèle de la grande tradition de Bossuet ; seulement l'indépendance de la puissance temporelle n'était reconnue d'une manière formelle qu'en *matière* PUREMENT *civile*, de telle sorte que la puissance spirituelle restait maîtresse de s'immiscer dans les affaires temporelles, toutes les fois qu'elles lui paraîtraient *mixtes*, ou n'être pas *purement* d'ordre civil, et se rattacher de près ou de loin, par un lien quelconque, à l'ordre religieux. L'histoire nous dit à quelles conséquences arrivèrent les juridictions ecclésiastiques, en soutenant que le péché, *se rencontrant dans les matières de la juridiction temporelle*, le Pape pouvait en connaître. Nous retrouverons bientôt devant nous cette doctrine du moyen âge.

Mais au moment où l'épiscopat faisait des manifestations gallicanes, tout en favorisant les progrès de la congrégation et des milices ultramontaines, au moment où la magistrature se déclarait incompétente sur les questions soulevées par M. de Montlosier, la nation ne laissait pas dormir sa juridiction souveraine. Royer-Collard, catholique sincère quoique philosophe, servit d'interprète à l'opinion publique quand il fallut défendre la liberté de la presse contre la fameuse *loi d'amour* des complaisants de la congrégation.

« La tyrannie est si vaine de nos jours, s'écria-t-il, si folle, si impossible, qu'il n'y a ni un seul homme, ni plusieurs, qui osassent en concevoir, je ne dis pas l'espérance, mais même la pensée. Cette audace insensée ne peut se rencontrer que dans les factions. La loi que je combats annonce donc la présence d'une faction dans le gouvernement aussi certainement que si cette faction se proclamait elle-même et si elle marchait devant nous enseignes déployées. Je ne lui demanderai pas qui elle est, d'où elle vient, où elle va ; elle mentirait.

« Je la juge par ses œuvres..... Voilà qu'elle vous propose la destruction de la liberté de la presse. L'année dernière, elle avait exhumé du moyen âge le droit d'aînesse; l'année précédente, le sacrilége. Ainsi, dans la religion, dans la société civile, dans le gouvernement, elle retourne en arrière. »

Et la nation avançait, avançait toujours, si bien que la Chambre des députés ayant été dissoute à la suite d'une fournée de pairs prise dans son sein, les élections nouvelles amenèrent une majorité libérale, à la tête de laquelle figura Royer-Collard nommé par sept colléges.

Vint alors le ministère Martignac, qui essaya de faire regagner au gallicanisme une partie du terrain qu'il avait perdu depuis douze ans. M. Portalis et l'évêque de Beauvais, l'abbé Feutrier, se dévouèrent courageusement à cette œuvre. Ils contre-signèrent les deux ordonnances du 16 juin 1828, qui remettaient en vigueur les anciennes lois du royaume pour exclure de l'enseignement les membres des communautés ou congrégations religieuses non autorisées par l'État.

L'épiscopat qui, deux ans auparavant, avait protesté de son invariable fidélité aux doctrines gallicanes, se récria vivement à l'apparition des ordonnances qui prescrivaient des mesures pour s'assurer que l'enseignement de la jeunesse française ne pourrait être livré à des communautés non autorisées et suspectes d'ultramontanisme. Le cardinal de Clermont-Tonnerre remit à M. de Beauvais, pour être placé sous les yeux du roi, un Mémoire qu'il signa *au nom des cardinaux*, *des archevêques et évêques de l'Église de France*, et dans lequel on lisait la déclaration suivante :

« Ils ont examiné dans le secret du sanctuaire, en présence du Souverain-Juge, avec la prudence et la simplicité qui leur ont été recommandées par leur divin maître, *ce qu'ils devaient à César comme ce qu'ils devaient à Dieu.* Leur conscience leur a répondu qu'il valait mieux obéir à Dieu qu'aux hommes, lorsque cette obéissance qu'ils doivent premièrement à Dieu, ne saurait s'allier avec celle que les hommes leur demandent ; ils ne résistent point ; ils ne profèrent pas tumultueusement des paroles hardies ; ils n'expriment pas d'impérieuses volontés ; ils se contentent de dire avec respect, comme les apôtres, *non possumus !* nous ne pouvons pas. »

Le ministère ne recula pas devant cette manifestation des évêques, il s'adressa au Saint-Siége, et il en obtint une réponse conciliante cette fois, laquelle, communiquée par M. de Latil, archevêque de Reims, à ses suffragants, portait *que les évêques devaient se confier à la sagesse du roi pour l'exécution des ordonnances et marcher d'accord avec le trône.*

Mais la sagesse du roi ne fit que passer sur le trône, elle en fut bien vite chassée par la faction dont Royer-Collard et Montlosier avaient signalé l'activité et l'audace. Les chefs de la congrégation étaient restés seuls tout-puissants sur l'esprit du pieux monarque alors même que les nécessités parlementaires avaient mis un instant sa signature à la disposition d'un ministère libéral et gallican. On sait ce qu'ils obtinrent de ce malheureux prince qui alla expier sur la terre étrangère sa condescendance et sa faiblesse, et qui, en apprenant au fond de l'exil la dévastation de l'archevêché et la proscription commune des croix et des fleurs-de-lis par l'émeute parisienne, put mesurer toute la profondeur de l'abîme que le parti clérical avait aveuglément creusé sous l'autel et sous le trône.

XIX

L'effrayante réaction du voltairianisme populaire, qui passa comme une épouvantable tempête sur la capitale et par dessus le gouvernement de la France, rendit-elle le royalisme et la congrégation plus modérés dans leurs prétentions et plus prudents dans leur langage et dans leurs actes ?

Nullement. La fraction ultramontaine de l'épiscopat et du clergé inférieur, unie aux adeptes entreprenants du néo-catholicisme, qui s'appelèrent eux-mêmes le *parti catholique*, garda et proclama plus audacieusement que jamais ses doctrines.

Quand le gouvernement de juillet voulut sauvegarder les droits de l'État et maintenir les vieilles barrières du gallicanisme dans l'organisation de l'instruction publique, on souleva contre lui les plus violentes tempêtes, dans le parlement et dans la presse. On l'injuria, on le menaça. Un jour, il était accusé par une voix éloquente d'avoir laissé faire l'émeute de Saint-Germain-l'Auxerrois, le pillage de l'archevêché, et d'être venu proposer ensuite une loi pour consacrer l'œuvre de l'émeute en transformant en promenade le site de l'archevêché de Paris. A une autre séance, la même voix, parlant au nom des évêques, lui reprochait de courir droit sur un écueil où s'étaient brisées des puissances plus fortes que la sienne. Que venait-il s'appuyer de la déclaration du clergé de France de 1682, comme d'une loi de l'État! on lui répondait péremptoirement que cette loi *n'avait jamais été exécutée et ne pouvait pas l'être parce qu'elle avait été cassée, annulée et improuvée par la plus haute autorité que reconnaissent les catholiques, par le Saint-Siége.*

« Une loi de l'État, non exécutée et qui ne pouvait pas l'être, parce qu'elle avait été *cassée et annulée par le Saint-Siége!* — et une telle énormité, s'est écrié à cette occasion M. Dupin, a pu être proférée au sein d'une Chambre législative, sous la présidence d'un chancelier de France! »

L'énormité ne s'arrêta pas là. Les ministres du roi Louis-Philippe ayant contesté à l'illustre orateur du parti catholique le droit de parler au nom de l'épiscopat et de se prévaloir, pour se faire l'organe du catholicisme, des publications ultramontaines de quelques prélats qui n'exprimaient pas, dans leurs mandements et dans leurs lettres pastorales, la vraie doctrine du clergé français, le clergé parisien se rendit aussitôt en masse à l'archevêché pour témoigner à son vénérable chef qu'il adhérait pleinement à ses manifestations contre la loi présentée par le gouvernement, et le prélat remercia cette phalange sacrée d'avoir donné un exemple que le sacerdoce français tout entier allait suivre.

Les dispositions les plus irréligieuses et les plus hostiles à l'Église romaine étaient attribuées à la royauté de 1830. Dans un livre publié il y a peu d'années on trouve cette accusation étrange contre le régime de juillet :

« On disait dans les sommités du nouveau pouvoir — *qu'afin d'orléaniser la France, il fallait la décatholiciser* (1). »

Nous doutons fort, nous le confessons, que, dans les hautes régions du gouvernement de juillet, il se soit jamais trouvé quelqu'un d'assez oublieux des croyances et de la piété de la princesse que le duc d'Orléans avait fait asseoir à côté de lui sur le trône, ainsi que de l'étroite et solide affection qui unissait les royaux époux, pour oser parler du catholicisme sur ce ton dégagé, à la cour de la reine Marie-Amélie.

(1) *L'Église romaine en face de la Révolution*, II, 141.

Ce que nous sommes plus disposé à croire, c'est que si la tentative de *décatholiciser* la France pour l'*orléaniser* avait pu avoir quelques chances de succès, ce n'est ni des protestants, ni des philosophes, ni des révolutionnaires qu'elles lui seraient venues, mais plutôt des catholiques assez téméraires pour essayer de plier la France au joug d'une théocratie dont les Romains eux-mêmes ne voulaient plus et pour rendre ainsi les devoirs du catholicisme incompatibles avec les obligations du civisme.

Ce parti, qui avait perdu la branche aînée des Bourbons par ses conseils et ses manœuvres, et qui voulait imposer ses exigences par l'agitation et la menace à la branche cadette de cette auguste famille, conserva-t-il, sous la République de 1848, l'opiniâtreté et l'audace dont la révolution monarchique de 1830 n'avait pu le guérir ?

La réponse à cette question se trouve dans les procès-verbaux des assemblées qui exercèrent l'omnipotence parlementaire en France, depuis le 4 mai 1848 jusqu'au 2 décembre 1851.

XX

La situation politique de l'Italie avait ranimé en deçà des monts les préoccupations religieuses. Le Pape, chassé de Rome par la révolution et réfugié à Gaëte, inspirait de légitimes sympathies aux familles intimement catholiques. Lorsqu'il fut rétabli dans la plénitude de sa puissance par l'armée française, les théocrates de tous les pays le conjurèrent de résister à la pression libérale que les cabinets européens, fidèles à leurs précédents de 1831, allaient naturellement tenter d'exercer sur ses résolutions souveraines. Les cardinaux dominants n'eurent pas de peine à céder aux supplications encourageantes des absolutistes. Le gouvernement romain resta tel qu'il était lorsque les généraux autrichiens le trouvaient trop corrompu et trop arbitraire, et que M. le duc de Broglie disait à la tribune de la Chambre des pairs, comme reproche à la politique française qui avait fait évacuer Ancône :

« Les habitants de la Romagne n'ont que le choix entre le gouvernement des cardinaux légats et celui des généraux autrichiens. Or, il est bon de le savoir, entre ces deux sortes de gouvernements, les habitants de la Romagne n'hésitent pas. *Ils préfèrent, ils ont toujours préféré le gouvernement des généraux autrichiens; ils trouvent celui-là, ce qu'il est en effet, beaucoup plus éclairé, plus raisonnable, plus impartial* (1). »

La France de 89 était donc menacée de voir le triomphe de ses armes n'aboutir qu'à la restauration d'un régime pire que celui de l'occupation autrichienne. Le Président de la République avisa. Tout le monde connaît en France et en Europe la lettre mémorable qu'il écrivit à l'un de ses officiers d'ordonnance, et dans laquelle il traça ces lignes ineffaçables :

« *Amnistie générale, sécularisation de l'administration, code Napoléon et gouvernement libéral.....* »

Le Moniteur ayant publié cette lettre en août 1849, pendant la prorogation de l'Assemblée legislative, et un *motu proprio* de Pie IX, à la date du 12 septembre, ayant réduit à d'insignifiantes réformes les concessions à faire aux aspirations libérales des protecteurs victorieux de la Papauté, la même voix qui avait autrefois attribué au Saint-Siége le droit de *casser et d'annuler* la loi française, et qui avait menacé la monarchie de 1830 *de l'écueil où s'étaient brisées des*

(1) *Moniteur* du 27 décembre 1839.

puissances plus fortes que la sienne; cette voix, il faut lui rendre cette justice, toujours ferme, toujours hardie, toujours éloquente dans l'expression de son attachement à une politique religieuse que les générations nourries des principes de Pascal ou de Bossuet, de Voltaire ou de Mirabeau, regardent comme subversive de l'indépendance civile et de la souveraineté nationale, cette même voix s'écria que si Pie IX rétablissait, *non pas même la liberté de la presse*, *non pas même la garde civique*, *mais seulement le pouvoir parlementaire que le* MOTU PROPRIO *refusait*, *sa confiance*, *sa profonde et filiale confiance en serait*, *non pas ébranlée*, *mais alarmée*.

Se demandant ensuite quels avaient été les résultats de la lutte de Napoléon Ier avec Pie VII, l'illustre orateur n'y voyait *qu'une grande faiblesse et une grande déconsidération pour le grand Empereur*, *et en fin de compte une grande défaite ;* car, à ses yeux, l'insuccès était inévitablement réservé à quiconque tentait de lutter contre le Saint-Siége.

« Et pourquoi l'insuccès est-il certain? disait ensuite M. de Montalembert. Ah! notez bien ceci : parce qu'il y a entre le Saint-Siége et vous, ou tout autre qui viendrait combattre contre lui, il y a inégalité de forces. Et sachez bien que cette inégalité n'est pas pour vous, mais contre vous. Vous avez 500,000 hommes, des flottes, des canons, toutes les ressources que peut fournir la force matérielle : c'est vrai, et le Pape n'a rien de tout cela ; mais il a ce que vous n'avez pas, il a une force morale, un empire sur les consciences et sur les âmes auquel vous ne pouvez avoir aucune prétention, et cet empire est immortel. »

Oh ! oui, la force morale finit toujours par l'emporter sur la force matérielle ; le grand Empereur l'avait reconnu par un mot que le grand orateur avait porté lui-même à la tribune. — « Il n'y a que deux puissances dans le monde, avait dit Napoléon, le sabre et l'esprit : à la longue le sabre est toujours battu par l'esprit. »

Sans doute : mais l'esprit n'obtient cette victoire finale, ce triomphe laborieux, que lorsqu'il lutte, au nom du Dieu qui donna le progrès et l'Évangile à l'homme, pour remplir les vœux, pour servir les intérêts, pour satisfaire les besoins, pour améliorer la condition sociale des masses humaines, des classes populaires, des majorités nationales, au sein desquelles réside, en fin de compte, la force matérielle.

Quand l'esprit, parlant par la bouche de Grégoire VII, réfrénait la barbarie tudesque, la brutalité féodale des Césars de la Germanie, comme nous l'avons déjà rappelé, en même temps qu'il réformait les mœurs de la milice sacerdotale, séculière et régulière, afin de faire prévaloir dans le monde moderne la pensée chrétienne, protectrice du grand nombre asservi, sur la tradition païenne obstinément et religieusement gardée par la minorité oppressive; cet esprit-là était sûr de vaincre, car il avait pour arme la parole de Dieu, qui est seule vraiment immortelle, et pour appui le bras du peuple, qui est infatigable et invincible.

Mais quand ce même esprit passe du côté des oppresseurs, quand il exerce la toute-puissance au moyen de la force matérielle et au profit d'une domination intolérable ; quand il proclame l'inviolabilité de l'oppression dans les Césars de race antique, et dans son propre gouvernement jugé pire encore que celui des Césars autrichiens par des libéraux aussi modérés et des catholiques aussi sincères que M. le duc de Broglie ; oh ! cet esprit, autrefois si sûr de vaincre, n'aura plus désormais que la défaite devant lui, aussi longtemps qu'il persistera à consacrer la légitimité, à rechercher l'alliance et à pratiquer les maximes de l'absolutisme, orthodoxe ou schismatique, pour réprouver et condamner toutes les aspirations nationales et progressives, pour frapper d'anathème tout appel à l'application sociale la plus modeste des préceptes démocratiques de l'Évangile.

Il aura beau défier, braver, menacer ceux qui disposent *des canons, des flottes et des armées*, les heureux possesseurs de la force matérielle qui auront trouvé ce qu'il a perdu, le secret, le désir et l'initiative de l'affranchissement et du progrès des nations, n'auront rien à craindre des foudres de l'esprit démissionnaire qui leur aura abandonné sa puissance civilisatrice; et ils pourront s'attendre à ce qu'on leur demande de se proclamer, dans le monde policé, les véritables représentants de l'esprit comme du sabre, par la grâce de Dieu et par la volonté des hommes.

XXI

Mais que devient, après l'abandon de la rédemption des peuples par les conseillers politiques du Vatican, que peut devenir, dans la France de 89, le lien religieux qui unissait le royaume très-chrétien à l'Église romaine et dont nos rois et nos évêques surent garantir si habilement et si fermement l'indissolubilité, sans que l'État eût à en souffrir dans son indépendance et dans ses libertés? N'est-il pas à craindre que l'obstination du Sacré-Collége à exagérer la suprématie spirituelle de la Papauté pour l'exercer sur les choses temporelles, et à maintenir des alliances compromettantes et des institutions surannées par une négation opiniâtre du perfectionnement social marqué du sceau de la Providence ; n'est-il pas à craindre que cette obstination ne provoque les catholiques de France, tremblants pour l'accord des lois civiles et des croyances religieuses qui leur sont également chères, à retourner, contre les guides aveugles de la théocratie, les vives apostrophes que le chef du parti catholique, dans les entraînements de son ardente parole, adressait, en d'autres temps, au nom de la liberté, aux imprudents exagérateurs de la démocratie?

Non, les bûchers de l'inquisition, les horreurs de la ligue et tous les excès des guerres religieuses ne furent pas plus désastreux, pour le catholicisme, que ne pourraient le devenir les prétentions ultramontaines qui continueraient de faire discuter hautement en France la question du schisme et l'établissement d'un culte *national*.

Cela ne se vit pas pourtant sous la République, bien que sa Constitution ne fît aucune réserve, aucune distinction en faveur de l'ancienne religion dominante, devenue officiellement plus tard la religion *de la majorité.* Tout le mauvais vouloir du scepticisme se borna à n'accorder au culte catholique, sans le nommer même, que la protection commune qu'il assurait *à tous les cultes alors reconnus par la loi ou qui seraient reconnus à l'avenir.*

Mais lorsque le parti catholique se crut l'objet d'une préférence toute particulière et qu'il revit sa supériorité numérique constitutionnellement constatée, l'audace et l'excentricité de ses adeptes ultramontains ne connurent plus de limites ; et M. de Montalembert lui-même en vint à prévoir, à redouter et à signaler la crise fatale à laquelle ce déchaînement théocratique allait exposer le catholicisme. « J'avoue, écrivit-il à un célèbre écrivain d'Italie, qu'il y a de quoi se décourager quand on voit la défense de la vérité catholique, dans le passé et dans le présent, livrée à des organes comme *l'Univers.* La renaissance catholique est aujourd'hui sérieusement compromise par cette *école fanatique et servile qui cherche à s'identifier partout avec le despotisme.* UNE RÉACTION FORMIDABLE SE PRÉPARE : il n'en faut pas moins rester fidèle à notre drapeau, qui est celui de la *justice*, de la *vérité* et de la *liberté* (1). »

(1) Cette lettre fut insérée dans la *Rivista contemporanea*, et reproduite par *le Siècle.*

Cette réaction, que prédisait si tristement le grand orateur catholique, était en effet inévitable; mais elle avait besoin d'être stimulée encore par d'autres provocations et d'autres témérités que celles de *l'Univers* pour prendre le caractère formidable jusqu'à pousser ouvertement au schisme la fille aînée de l'Église.

La presse *fanatique* et prompte à *s'identifier partout avec le despotisme* soulevait certainement bien des passions, bien des colères ou des défiances contre la suprématie romaine; mais c'était un petit groupe de laïques, plus ou moins isolés et sans autorité morale ni canonique dans la société spirituelle, qui jetaient la menace et l'insulte à la société temporelle en vrais enfants terribles du Vatican. Tant que rien n'annonçait que les vieilles barrières, opposées aux prétentions ultramontaines par les chefs de l'Église de France, unis à la magistrature, à la royauté et à la nation, eussent été brisées; tant que l'on pouvait présumer que la tradition gallicane, sanctionnée par les lois anciennes et nouvelles, était en outre toujours garantie par l'adhésion constante de l'épiscopat, il n'y avait pas d'alarmes sérieuses à concevoir sur l'éventualité d'une rupture entre la France et le chef de la catholicité. Il fallait que la doctrine de

Bossuet, puisée dans les saints canons, conforme aux pragmatiques de saint Louis et de Charles VII, revêtue du sceau de Louis XIV et ravivée par le concordat de Napoléon Ier, par la loi de germinal an X, par le décret impérial de 1810 et par le concile national de 1811, cessât d'apparaître à un trop grand nombre de nos éminents et vénérables prélats comme un bouclier sacré et indispensable contre toute intervention exorbitante et illégitime du Saint-Siége dans la conduite, les combinaisons et les effets de notre politique nationale ; il fallait cet abandon manifeste du drapeau gallican par les princes de l'Église française, pour que notre pays, resté orthodoxe à travers tant de siècles et au milieu de tant de peuples hérétiques ou schismatiques, pût être amené à entendre, sans trop frémir, qu'on osât lui proposer de chercher uniquement désormais, dans le schisme, le palladium de son indépendance civile.

Eh bien! cette condition, grosse d'une provocation au *culte national* et dont l'avénement manquait de vraisemblance, n'est-elle pas devenue une affligeante réalité? Que n'a-t-on pas publié depuis deux ans, en faveur des doctrines ultramontaines, à propos des changements politiques survenus en Italie, dans une foule d'écrits, dont les principes, contraires à la tradition de la France, sont d'autant plus redoutables qu'ils émanent de prélats exerçant par leur expérience, par leurs lumières et par leurs vertus, une influence très-grande sur le clergé tout entier ? Il serait trop long de citer ici les lettres pastorales, les mandements, les brochures, que la guerre d'Italie a inspirés à tant d'illustres membres de l'Église gallicane : nous nous bornerons à rappeler celles des publications épiscopales qui résument et expriment avec le plus de netteté et d'énergie la pensée théocratique qui a malheureusement remplacé, dans les hautes régions du sacerdoce, la doctrine nationale dont Bossuet avait cru faire la meilleure gardienne du catholicisme en France.

XXII.

Le prélat qui nous semble avoir développé et tenté de justifier avec le plus de précision et de logique les conséquences politiques de la doctrine de Bellarmin, sans la proclamer en principe, est le doyen de l'épiscopat français, le vénérable et savant évêque d'Arras.

Prenant vivement la défense du pouvoir temporel de la Papauté, M. Parisis, dans une réponse à l'auteur de la brochure : *le Pape et le Congrès*, publiée au commencement de 1860, établissait la nécessité de ce pouvoir pour le Saint-Siége sur une autre nécessité d'ordre spirituel, la libre propagation de la parole divine dans tout l'univers.

« Ainsi, disait-il, la première liberté nécessaire à l'Église, c'est la liberté de la parole ; il la lui faut pour tous ses ministres, pour tous ses évêques; il la lui faut éminemment et tout entière pour son chef.

« *Il faut que le Pape puisse transmettre où il veut, quand il veut et comme il veut sa parole de Pontife*, *qui est pour nous tous la parole de Dieu.* Cette diffusion libre de la parole de vérité est dans l'Église ce qu'est la circulation du sang dans nos corps, une condition de vie.

« Or, si la Papauté a rempli sans interruption jusqu'à présent ce grand et divin ministère, c'est à l'aide de sa souveraineté temporelle qu'elle l'a fait toujours et envers tous. » (Page 10.)

L'histoire des huit premiers siècles de l'Église, pendant lesquels la parole de Dieu fit la conquête du monde, à travers les persécutions et les supplices, sans que la parole du pontife eût besoin d'être appuyée sur aucune possession ou autorité temporelle; le souvenir, l'exemple de cette longue et glorieuse épreuve écrite dans la vie des quatre-vingt-dix premiers successeurs de saint Pierre, est un témoignage irrécusable contre l'opinion exprimée par M. l'évêque d'Arras, opinion que nous sommes heureux de trouver réfutée d'avance par un saint et savant théologien de notre temps, le cardinal Pacca, lequel confiant à son frère ses méditations de la prison de Fénestrelles, pendant la réunion des États romains à l'Empire français, lui faisait cette intime confidence que nous avons déjà citée : « Je croyais que Dieu, en permettant dans les secrets conseils de sa Providence la chute de la souveraineté pontificale, jetait lui-même au milieu de ces vastes bouleversements européens, les fondements d'une grande monarchie, *afin que les Papes pussent une seconde fois, quoique sujets, gouverner sans de graves inconvénients l'Église universelle.* » *(Mémoires du cardinal Pacca.* — I. 22.)

Mais dans le passage que nous avons emprunté à l'illustre doyen de l'Église de France, il y a autre chose qu'un voile jeté sur les grands siècles de la primitive Église, autre chose qu'une simple défense de la souveraineté temporelle des Papes, bornée à sa dernière circonscription territoriale. M. d'Arras entend que *la parole du Pontife*, qu'il identifie absolument, sans condition ni réserve, avec *la parole de Dieu*, puisse être transmise par le Pape, partout et toujours, *où il veut, quand il veut, et comme il veut.* Sans cela, aux yeux du pieux évêque, *une condition de vie* manquerait à l'Église.

Mais alors, pour faire circuler la parole pontificale sur toute la terre, comme le sang dans nos corps; pour assurer à l'Église cette condition de vie, pour lui garantir sa première liberté, celle qui lui est indispensable pour ses ministres, pour ses évêques et surtout pour son chef suprême; pour rendre universellement possible et irrésistible l'exercice de la liberté absolue de la Papauté dans la transmission de ses enseignements et de ses ordres, il faut quelque chose de plus au Saint-Siége qu'une souveraineté temporelle réduite à de chétives provinces et frappée manifestement d'impuissance vis-à-vis de toutes les souverainetés voisines. Les grands docteurs de l'ultramontanisme l'ont bien compris, quand ils ont proclamé franchement la suprématie universelle des Papes (1), dominant les rois comme les

(1) L'*Exposé de la situation de l'Empire*, communiqué récemment aux grands corps de l'État, contient une nouvelle preuve de la persistance de la cour de Rome à s'attribuer une autorité *directe*,

peuples, et pouvant, à défaut de la force matérielle, faire usage des armes spirituelles, non-seulement pour préserver particulièrement le patrimoine temporel de la Papauté, mais aussi pour contraindre, pour entraver, pour ébranler, pour renverser même les pouvoirs politiques là où le Pontife les jugerait rebelles à sa parole et les accablerait de ses anathèmes. Les théocrates de nos jours ne voudraient pas aller jusque là, que, malgré eux, leurs propositions y conduisent.

Du reste l'éminent prélat, qui avait considéré le pouvoir temporel du Pape à Rome et autour de Rome comme indispensable à l'exercice de sa souveraineté

dans l'ordre temporel même, sur les catholiques de tous les pays.

« Le gouvernement de l'Empereur, dit cet exposé, avait pensé que le caractère particulier de la souveraineté du Saint-Père pourrait autoriser un accord des puissances catholiques pour sauvegarder les possessions qui lui restaient. La France offrait donc à la cour de Rome de provoquer à cet effet une garantie respective. Les puissances catholiques se fussent entendues, en même temps, pour lui fournir désormais *les troupes nécessaires à la garde de la capitale*, ainsi qu'*un subside annuel* inscrit en première ligne sur les grands-livres de la dette publique. Le gouvernement pontifical répondit en réclamant encore une fois que, préalablement à toute négociation, son droit sur les Romagnes fût reconnu et consacré. Il refusait le concours des contingents militaires qui lui étaient offerts, *et demandait le droit direct d'enrôlement dans les États catholiques*. Enfin, il n'eût accepté de tribut que sous la forme d'*une compensation des annates* et des anciens droits canoniques sur les bénéfices vacants, droits longtemps contestés et finalement abolis dans tous les États de l'Europe. » (*Moniteur* du 6 février 1861, p. 166.)

spirituelle, sous le rapport de la libre transmission et de la diffusion universelle de la parole de vérité, a depuis adressé à l'un des ministres de l'Empereur et livré à l'impression une lettre, plus explicite encore que sa première brochure, sur l'immixtion légitime de la puissance ecclésiastique dans une foule de questions politiques ou civiles.

« Le spirituel, dans l'Église, a-t-il dit dans cette nouvelle publication, c'est tout ce qui tient au salut éternel des âmes. Voilà l'objet spirituel par excellence, celui qui domine tous les autres et auquel tout se rapporte ou doit se rapporter.

« Toutes les fois donc que l'on est entravé dans l'œuvre du salut, on est inquiété dans son intérêt spirituel, considéré, si j'ose le dire, à sa plus haute puissance. *Or ces entraves, de nos jours surtout, appartiennent presque toujours à l'ordre temporel, et le plus souvent même ne peuvent venir d'ailleurs...* »

M. l'évêque d'Arras rappelait ensuite, à ce sujet :

1° Que les révolutionnaires de 1793 se flattaient de ne pas toucher aux dogmes en fermant les temples et en proscrivant les prêtres, ce qui rendait le culte public impossible et nuisait grièvement au salut des âmes;

2° Que des chefs d'industrie forcent de malheureux ouvriers à violer le repos des saints jours (1), lorsqu'ils tiennent de pauvres petits enfants dans un esclavage qui les empêche d'aller recevoir de la bouche du prêtre les éléments les plus indispensables à la religion, ce qui porte aux âmes un préjudice spirituel énorme.

Le prélat remontait même jusqu'à Julien l'Apostat, qui interdisait aux chrétiens le droit de se faire instruire dans les lettres humaines, pour déconsidérer ceux qui faisaient profession de christianisme et pour détourner beaucoup d'âmes encore faibles d'entrer dans le sein de l'Église ; puis il ajoutait :

« Mais de nos jours, sous un régime qui, grâce à Dieu, n'existe plus, n'a-t-on pas professé longtemps que l'éducation de la jeunesse était exclusivement du domaine temporel, et, pour me servir d'une expression très-moderne, qu'elle était sécularisée? Sup-

(1) Nous tenons à honneur d'avoir réclamé nous-même, dans une assemblée où le vénérable M. Parisis nous prêta l'appui de son autorité et de son vote, contre cette violence des patrons exercée sur la conscience des ouvriers. Mais notre proposition était fondée sur le respect de toutes les croyances religieuses sans distinction, et nous invoquions l'intervention de la loi civile pour réprimer cette tyrannie sur les âmes, précisément parce que l'autorité temporelle, protégeant également tous les cultes, nous paraissait seule compétente et seule puissante en cette matière, à l'exclusion du concours officiel des ministres des diverses religions reconnues par l'État.

posons donc, sous l'empire de ce système, un gouvernement anti-religieux, ou seulement anti-catholique, qui ne laisserait introduire dans les écoles qu'un enseignement contraire aux doctrines révélées dont la croyance est à nos yeux rigoureusement nécessaire au salut des âmes, croyez-vous que ces prescriptions de l'ordre civil n'intéresseraient pas au plus haut degré l'ordre spirituel ?

« Il est une autre puissance qui, dans une sphère plus élevée, disait encore le prélat qui croyait exprimer l'opinion de ses vénérables collègues, exerce une influence égale à celle de l'éducation : c'est la presse. Par son action incessante, par la variété de ses formes, par le prestige de ses insinuations, par la séduction des intérêts qu'elle touche et des passions qu'elle flatte, la presse, et surtout la presse immorale, peut à la longue détruire jusqu'aux derniers germes de l'éducation première. Cependant, sous un certain rapport, la presse, c'est une industrie, et toutes les industries sont essentiellement temporelles, souvent même matérielles, et conséquemment du domaine des lois civiles.

« Maintenant, si, par une exagération qui n'aura pas lieu, nous en avons pour garant de récents retours (le gouvernement venait d'autoriser la réapparition de *l'Univers* sous un autre titre) ; mais enfin, si, par une supposition qu'on voudra bien me permettre, le gouvernement, en laissant à la presse impie la liberté de tout dire, même les mensonges les plus avérés et les calomnies les plus perfides, venait à frapper d'interdit toute la presse catholique, tellement qu'il ne fût plus permis ni de démasquer ces mensonges corrupteurs ni de confondre ces calomnies sacriléges, *oserait-on dire que le gouvernement ne porterait pas un vrai dommage aux âmes dans leurs intérêts tout spirituels, tels que nous les avons définis en commençant?*

« Vous dites, monsieur le Ministre, que le gou-
« vernement de l'Empereur ne saurait considérer
« que comme un bienfait réciproque irrévocable-
« ment acquis aux sociétés modernes la séparation
« qui s'est accomplie entre les deux domaines de
« l'ordre religieux et de l'ordre politique et civil... »

« Il importe, monsieur le Ministre, de ne pas faire ici confusion de langage, et le mot *séparation* implique une équivoque. Les principes de 1789 ont détruit l'union, ou, pour mieux dire, la fusion de l'ordre religieux avec l'ordre politique et civil ; mais ils n'ont pas détruit, et ils ne pouvaient pas détruire *la dépendance qui existera toujours entre ces deux ordres.* Quoi que l'on fasse ou quoi que l'on ne fasse pas, ils réagissent inévitablement l'un sur l'autre, et c'est tout ce que j'ai besoin de constater.

« Dieu a voulu que la religion fût ainsi posée en ce monde, parce qu'il l'y a mise non pour les anges, mais pour les hommes ; et, *quoique l'esprit soit fort au-dessus de la matière*, il a plu au Créateur que la matière fût, ici-bas, une source de tentation et *un instrument de mérite pour l'esprit.*

« Si cette vérité n'était pas encore suffisamment mise au jour, je pourrais, pour ainsi dire, en disséquer la preuve.

« Assurément, rien n'est plus dans l'ordre spirituel que les sacrements de l'Église ; cependant, ôtez la présence matérielle du ministre qui les confère, votre âme ne peut plus en recevoir les bienfaits ; et ce ministre lui-même, ôtez-lui l'eau, par exemple, il ne peut plus régénérer les âmes par le sacrement du baptême. Otez-lui le pain et le vin, et quoique prêtre, il ne peut plus offrir le sacrifice tout divin de nos autels. C'en est assez, c'en est trop peut-être.

« Il est donc bien démontré, disait enfin M. l'évêque d'Arras à M. Thouvenel, qu'en agissant dans l'ordre *simplement* temporel et même dans l'ordre purement matériel, on peut entraver la religion dans ses plus saintes pratiques, conséquemment dans son action toute surnaturelle ; on pourrait même, de la sorte, l'attaquer dans son essence et dans sa vie.

« Je ne pense pas que votre Excellence méconnaisse ou conteste la vérité ni la certitude de ces considérations générales, il ne s'agit donc plus que d'en faire l'application au Saint-Siége dans ses rapports avec les croyances et les devoirs de notre foi. » (DU SPIRITUEL ET DU TEMPOREL DANS L'ÉGLISE, — *Lettre de M. l'évêque d'Arras à Son Excellence M. Thouvenel, ministre des affaires étrangères.* — Pages 6, 7, 8 et 9.)

C'est assez, c'est trop peut-être, s'il nous est permis d'emprunter les expressions du vénérable évêque, pour se faire une idée complète des prétentions actuelles des chefs de l'épiscopat. On comprend maintenant pourquoi l'illustre archevêque de Paris, M. de Quélen, tout en s'abstenant de signer la déclaration gallicane de 1826, consentait, dans sa lettre au roi, à adhérer aux principes de ses collègues, à reconnaître, comme eux, l'indépendance de la puissance temporelle, en ayant soin de limiter cette reconnaissance aux matières *purement* civiles. Cette formule laissait tant de latitude à la puissance ecclésiastique pour s'immiscer dans presque toutes les questions d'ordre temporel. Où trouver, en effet, une matière *purement* civile, après l'habile et pressante démonstration de M. d'Arras? Chaque exercice spirituel, chaque acte religieux n'est-il pas lié nécessairement à quelques conditions politiques ou même *simplement* matérielles? Il faut des temples et des prêtres pour le culte, de l'eau, du pain et du vin pour les sacrements, et le pouvoir temporel possède seul tous ces éléments indispensables aux pratiques du catholicisme. Il faut de plus que les enfants ne soient pas pervertis par l'éducation séculière, que les hommes mûrs ne soient pas nourris de doctrines pernicieuses par la presse impie : quel est donc le moment de la vie où la direction des âmes, en vue du salut éternel, n'est pas essentiellement intéressée et par conséquent justement mêlée à l'administration des États? La séparation du spirituel et du temporel, si solennellement invoquée à tout propos, repose sur *une équivoque.* 89, qui a tout détruit, n'a rien pu changer à *la dépendance* qui existera toujours entre l'ordre religieux et l'ordre politique et civil; et comme *l'esprit est fort au-dessus de la matière*, cette dépendance réciproque et indestructible du spirituel et du temporel ne peut être en fin de compte qu'une relation de supérieur à inférieur au profit du représentant de l'esprit. Aussi, n'oubliez pas que d'illustres champions de ces maximes vous ont dit que la plus haute autorité que puissent reconnaître les catholiques de France est hors de France, et que cette autorité peut casser et annuler la loi française.

Et ce sont les vénérables successeurs des signataires de la déclaration de 1682, les éminents possesseurs des mêmes siéges d'où l'épiscopat du dix-septième siècle fit briller à tous les yeux le signe de conciliation perpétuelle entre le royaume très-chrétien et le Saint-Siége, en résumant, dans quatre articles impérissables, les garanties de la souveraineté temporelle qui avaient rendu et devaient rendre longtemps encore le lien catholique indissoluble en France ; ce sont les princes de l'Église gallicane qui se montrent presque partout importunés de ce signe et qui se croient obligés par le cri de leur conscience de proclamer, avec un zèle qui ressemble parfois à la passion, la suprématie universelle du Pontife romain jusque dans les matières politiques et civiles, sous prétexte qu'elles touchent, de près ou de loin, à l'ordre spirituel et au salut des âmes !

Ne semble-t-il pas entendre la voix tonnante de Mirabeau sortir des caveaux du Panthéon pour protester contre cet abandon de la tradition française, non pas au nom des philosophes, ses voisins dans le temple de la patrie reconnaissante, mais sous l'inspiration des plus illustres organes du siècle de Louis XIV ? Ne semble-t-il pas voir l'ombre du grand tribun se lever pour signaler, une fois encore, aux exagérateurs de la susceptibilité religieuse et de la juridiction spirituelle, le danger du fatal dilemme que l'on pose au peuple de 89, quand on le place imprudemment dans la nécessité de choisir entre la Papauté et la liberté, entre la souveraineté nationale et la suprématie pontificale ?

Voyez les signes des temps ! Ce que nul n'osa dire hautement, au milieu du triomphe des idées philosophiques, sous la première Assemblée constituante, ni sous l'empire des principes et des habitudes révolutionnaires que le Concordat de 1801 rencontra devant lui ; ce que personne ne songea à demander ouvertement à la France, sous l'impression et dans la joie des trois révolutions du 20 mars 1815, du 29 juillet 1830 et du 24 février 1848, nous pouvons l'entendre, nous pouvons le lire aujourd'hui : la fréquence des provocations ultramontaines a fini par faire croire à l'opportunité des propositions schismatiques. L'un, franc démocrate, est venu inviter ouvertement l'Empereur à *réunir les deux pouvoirs* et à se proclamer CHEF DE LA RELIGION NATIONALE sans rompre avec Rome *pour ce qui concerne le dogme et la foi* (1). Un autre plus audacieux encore et se disant catholique, a fait un appel à ses coreligionnaires dans un écrit publié sous ce titre : FAISONS-NOUS PROTESTANTS (2) !

Mais est-il bien vrai que l'heure de recourir à ces ressources extrêmes, à ces cures périlleuses, à ces remèdes héroïques, soit arrivée ? Si les héritiers des antiques primats des Gaules et des anciens évêques de France passent sous le drapeau de la théocratie romaine, le clergé français renie-t-il, lui, l'esprit de Bossuet ; et l'État, à son tour, abandonne-t-il son glaive et son bouclier comme s'il renonçait à se défendre contre les agressions et les envahissements de l'Église ? La déclaration épiscopale et l'édit royal de 1682, reconnus lois de l'État par le décret impérial de 1810 ; le concordat de 1801 et les articles organiques de 1802 ne sont-ils pas toujours en vigueur ? Ont-ils cessé de suffire à repousser les empiétements de la cour de Rome et à maintenir la France, sans danger pour son indépendance, dans le giron du catholicisme ?

(1) *Empereur et Pape* et *la France sans le Pape*, par J.-M. Cayla.
(2) *Faisons nous Protestants*, par un catholique.

Non, sans doute, le clergé français ne renie pas Bossuet, son immortel flambeau; mais l'immense majorité du clergé inférieur est dans la dépendance absolue des évêques, en vertu de l'article 31 de cette loi même de germinal an X, que les ultramontains se plaisent à tenir pour *cassée et annulée* par le Saint-Siége. Nous avons indiqué, à l'occasion des plaintes du Pape Pie VII contre cette loi, les considérations politiques qui portèrent le Premier Consul à placer la masse des milices sacerdotales, les vicaires et les desservants dont il redoutait l'esprit hostile à la révolution, sous le pouvoir discrétionnaire de soixante évêques, dont un cinquième était pris dans le clergé constitutionnel, et qu'il croyait tous attachés inviolablement à l'ordre nouveau par cela seul qu'ils en étaient les créatures.

Aujourd'hui, ce n'est plus des rangs du clergé inférieur que viennent les embarras et les menaces pour l'autorité civile. Plus que jamais peut-être l'image de Bossuet est présente à la prière, à la méditation, à toutes les pratiques religieuses des modestes et innombrables lévites qui desservent la presque universalité des paroisses de France; et tous pourtant, au bruit de chaque bourrasque ultramontaine qui passe sur leurs têtes, tous s'inclinent, les uns assez hardis pour se taire, les autres assez dociles par conviction ou par discipline, pour répéter et faire retentir au loin la parole orageuse.

Mais si c'est le législateur civil, sous l'influence de considérations politiques et passagères, qui a trop étendu en d'autres temps la prérogative épiscopale à l'égard des quarante mille prêtres ayant charge d'âmes à titre révocable, c'est donc à lui aussi qu'il appartient d'examiner si le pouvoir trop absolu dont il arma autrefois les évêques pour le bien commun de l'Église et de l'État, n'est pas devenu depuis ou ne peut pas devenir tôt ou tard essentiellement nuisible à la paix de l'État et de l'Église.

« J'avouerai sans peine, dit M. Dupin dans son *Manuel du droit public ecclésiastique français*, qu'il y a eu de la part du gouvernement qui stipulait, non pas seulement pour l'État, mais aussi pour l'Église de France, trop de *laisser-aller* sur certains points, et principalement dans la dépendance trop absolue où l'on a placé tout le clergé du second ordre vis-à-vis des évêques ; c'est un mal réel, auquel on ne pourra remédier qu'en augmentant le nombre infiniment trop faible des curés inamovibles, en réduisant par conséquent le nombre beaucoup trop grand des desservants destituables au gré des évêques, *ad nutum*, sans le concours du gouvernement. » (Page 433.)

Ce remède est entre les mains du gouvernement. L'amovibilité du clergé du second ordre n'ayant pas été établie par le traité de 1801 avec le Saint-Siége, mais par un acte du pouvoir civil seul, par l'article 31 de la loi organique du concordat, les conséquences funestes du trop de *laisser-aller* du législateur d'hier peuvent être arrêtées ou prévenues par l'intervention et la prévoyance du législateur d'aujourd'hui.

A cet égard, la puissance civile est d'autant mieux autorisée à réparer le mal qu'elle s'est fait à elle-même, sans craindre de blesser par là aucune susceptibilité légitime dans l'ordre spirituel, qu'en augmentant le nombre des pasteurs inamovibles et en réduisant celui des desservants révocables, elle ne ferait que rentrer dans l'esprit et la tradition de l'Église. En 1839, deux prêtres respectables, deux pasteurs ruraux, publièrent un livre remarquable pour démontrer la nécessité de ce retour aux garanties d'indépendance et de dignité dont l'ancienne discipline ecclésiastique avait entouré le ministère sacerdotal, le service des âmes, jusque dans les postes les plus obscurs et les plus humbles.

« L'inamovibilité des pasteurs, disaient MM. Allignol, s'était toujours conservée pure et intacte dans toute l'Église ; elle est encore telle dans tous les autres États catholiques ; elle a été telle en France jusqu'en 1802. Aussi, l'idée de fixité et d'inamovibilité y était tellement liée à celle de pasteur et de curé, que lorsqu'on a voulu dépouiller parmi nous presque tous les prêtres à charge d'âmes de ce glorieux privilége, il a fallu inventer un nouveau nom pour les désigner, tant il est dans la nature même des choses que tout prêtre à charge d'âmes, que tout pasteur, soit fixe et inamovible (1). »

Si donc le législateur politique qui crut utile, en d'autres circonstances, d'enlever cette inamovibilité traditionnelle à presque tous les prêtres à charge d'âmes, jugeait nécessaire et urgent de la leur rendre, après plus d'un demi-siècle d'avertissement providentiel, c'est alors que l'on s'apercevrait combien aurait été grande l'illusion de ceux des membres de l'épiscopat français qui, en se rapprochant de Bellarmin, se seraient flattés d'emporter avec eux l'esprit de l'Église gallicane, et se seraient flattés d'en-

(1) *De l'État actuel du Clergé en France, et en particulier des curés ruraux appelés desservants*, par MM. Allignol frères, prêtres desservants Page 87.

traîner à leur suite la phalange sacrée de Bossuet (1).

Mais si la dépendance trop absolue du clergé inférieur fait encore la force et la hardiesse des évêques qui s'efforcent d'étendre la compétence de la suprématie spirituelle aux questions politiques et aux conflits temporels, les prétentions de l'épiscopat, plus ou moins converti aux redoutables principes de la théocratie, ne sont-elles pas du moins toujours contenues dans de certaines limites, par les antiques barrières que l'État et l'Église de France élevèrent en commun sous l'ancienne monarchie, et que l'État a soigneusement conservées et fortifiées

(1) Le savant magistrat dont nous venons de citer le *Manuel de droit ecclésiastique* à propos de l'article 31 de la loi de germinal an x, dit dans une note au bas du passage que nous avons reproduit :

« C'est sans doute par l'opinion qu'il a de cette dépendance (celle des curés destituables) et de la facilité qu'elle peut donner aux évêques de faire taire ou parler *ad nutum* tout le clergé du second ordre, que *l'Univers religieux* (n° du 16 mai 1844), s'indignant contre M. Persil qui avait dit à la Chambre des pairs : « Le clergé de France « improuve les efforts des évêques, au moins par son silence, » s'est écrié : Voilà ce qui s'est dit en pleine Chambre des pairs en 1844. Eh bien! nous verrons si cela se dira encore en mai 1845. « Sans les « évêques, disait encore la même feuille, le clergé tout entier serait « sous les armes contre le monopole et le despotisme des articles or- « ganiques.» Que les évêques donc l'exigent, tous obéiront, et feront leur *pronunciamento!* C'est le *quos ego* du poëte ! Mais qu'on y réfléchisse ! Voilà une voie nouvelle, un grave précédent, qui peut entraîner, pour l'avenir, des conséquences non prévues par l'épiscopat lui-même : *Caveant consules! caveant et ipsi episcopi!* »

(Manuel de droit public ecclésiastique, p. 433-434.)

depuis la Révolution, sous le Consulat et sous l'Empire ?

C'est le doyen des prélats de France, le saint évêque d'Arras lui-même qui nous fournira une réponse à cette délicate question, dans sa lettre à M. Thouvenel.

« Monsieur le Ministre, votre Exc. a dit dans une dépêche que : « le clergé de France sait avec quelle « bienveillance et quelle largeur de vue, le gouvernement impérial a toujours pratiqué les lois qui règlent les rapports avec la cour de Rome. »

« Oui, monsieur le Ministre, le clergé le sait, et il apprécie ce grand avantage. Il n'oublie pas non plus *la pleine liberté qui a été laissée aux conciles et à tous les ordres religieux.* Nous savons de plus que, *dans l'arsenal de nos lois anciennes et modernes, il y a des dispositions malheureuses à l'aide desquelles un gouvernement soupçonneux pourrait mettre toutes les églises de France dans de dures entraves.*

« C'est l'Empereur qui ne l'a pas voulu, et quoique déjà *certaine tolérance* se fût établie sous les précédents régimes, nous aimons à reconnaître que nous devons au nouvel Empire l'entière et tranquille jouissance de ces droits si précieux, si longtemps méconnus et si féconds en œuvres sanctifiantes. » (*Du spirituel et du temporel dans l'Église. Lettre de Monseigneur l'évêque d'Arras à M. Thouvenel.* — Page 18.)

L'histoire enregistrera ce noble et loyal aveu, ce témoignage irrécusable de l'austère prélat ; mais elle y ajoutera aussi la mention du genre de gratitude dont le nouvel Empire devait bientôt devenir l'objet de la part de quelques organes influents de l'Église de France, pour *la pleine liberté laissée aux conciles et à tous les ordres religieux*, et pour l'oubli volontaire des dispositions rigoureuses, tenues en réserve et sous la garde des deux grands noms de Louis XIV et de Napoléon Ier, *dans l'arsenal de nos lois anciennes et modernes.*

Mais comment les hautes intelligences et les grands talents qui se sont révélés dans le sein de l'épiscopat français ont-ils pu se tromper sur la tolérance impériale, plus large certainement que celle d'aucun des régimes précédents, jusqu'à vouloir en faire l'équivalent d'un abandon des franchises et des libertés gallicanes ?

Sous l'Empire pas plus que sous les Bourbons, la tolérance ne saurait impliquer l'abrogation de la loi.

Quand le gouvernement impérial s'est dispensé de recourir aux dispositions légales que M. l'évêque d'Arras appelle *malheureuses*, ce n'est pas seulement sans doute parce qu'il se sentait assez fort pour saisir à temps s'il le fallait les armes dont il consentait à ne pas faire actuellement usage, c'est aussi et surtout parce qu'il devait espérer que les évêques seraient assez reconnaissants et assez prudents pour entrer dans la voie conciliatrice où il les appelait dans le double intérêt de l'État et de l'Église, et pour ne songer jamais à se faire de sa bienveillance envers les institutions catholiques, un moyen d'étouffer les doctrines gallicanes et de dénigrer et d'entraver sa politique nationale.

Si cette tolérance venait à être reconnue abusive et dangereuse par l'État, la faute en serait à ceux qui auraient voulu la faire servir au développement des idées théocratiques et au succès de résurrections impossibles.

Si quelques chefs de l'Église de France, trop pleins de dédain pour le cri : *caveant ipsi episcopi!* persistent à encourager assez l'agitation ultramontaine pour faire surgir en face d'elle une autre agitation schismatique ou protestante, le chef et les grands corps de l'État sauront entendre, eux, le cri de l'opinion publique ; et le génie gouvernemental qui apprit à Henri IV à écarter le joug de la suprématie romaine, sans obliger la France à se faire protestante, ne rappellera pas en vain au successeur des fils aînés de l'Église tout ce que l'ancien régime et la révolution ont élevé laborieusement entre les deux puissances pour rendre l'État indépendant sans qu'il cessât d'être orthodoxe. Alors, si la France reste libre et catholique, c'est que le pouvoir politique aura su se servir à propos de ses armes loyales et longtemps oubliées, pour repousser les agressions du pouvoir religieux et pour rester lui-même catholique et national.

CONCLUSION

Mais est-ce bien digne de la religion qui accuse toutes les autres croyances d'erreur ou de mensonge, et qui se proclame la gardienne exclusive des sources de la vérité et des voies du salut, de laisser croire et dire qu'elle n'a plus pour gages de force et de durée que la sagesse et la fermeté des pouvoirs publics, dans un État où elle a régné presque sans partage sur les âmes pendant quatorze cents ans?

La preuve la plus éclatante que le Christianisme ait pu donner de sa supériorité sur les autres cultes, c'est de s'être élevé merveilleusement à travers des persécutions séculaires et d'avoir conquis le monde sur la force brutale malgré les oppresseurs de tous les temps, en montrant seulement aux opprimés de tous les pays un signe de rédemption, un ordre venu du ciel d'abaisser les superbes et de relever les humbles sur toute la terre.

Tout ce qu'on appelle des frontières naturelles, les fleuves, les mers, les montagnes, disparaissaient devant lui. Il avait accès partout, parce qu'il était envoyé pour ne se trouver étranger nulle part, parce qu'il avait des lettres de créance marquées d'un sceau inviolable pour les masses souffrantes de toutes les contrées et de toutes les races ; parce que, cosmopolite divin, consolateur universel, libérateur vraiment *catholique*, il venait briser les chaînes de l'esclave, soulager les misères du pauvre, promettre à tous d'éternelles compensations à des douleurs passagères, sans tenir compte des barrières que les révolutions du globe, les classifications de la science et les combinaisons de la politique avaient posées comme entraves à la libre pratique de la fraternité entre les enfants d'un même père, destinés à devenir les adorateurs d'un même Dieu.

Un jour, ce propagateur catholique de la bonne nouvelle pénétra chez un peuple qui était entièrement soumis aux Romains après avoir fait trembler et obéir un instant les Romains dans Rome même. Ce peuple habitait un vaste pays qu'on appelait *les Gaules*, et il avait mêlé au culte des druides, ses premiers maîtres, les superstitions mythologiques de ses vainqueurs, les païens du Capitole. Les deux grands apôtres Pierre et Paul venaient à peine, le premier d'être crucifié et le second décapité, dans la ville éternelle, alors métropole impitoyable du polythéisme aux abois, qu'un disciple même de Pierre, Trophyme, fondait à Arles une église chrétienne. Le germe de la religion de la liberté, de l'égalité et de la fraternité une fois déposé sur le sol gaulois, devait y jeter de profondes racines et y faire en même temps monter vers le ciel de hautes tiges et d'immenses rameaux. Avant la fin du second siècle de l'ère nouvelle, Lyon eut, en effet, ses héros évangéliques, ses humbles et sublimes contempteurs de la mort, en vue de la vie éternelle, sans distinction d'âge, ni de sexe, ni de condition. Une femme, et une femme esclave, que le paganisme aurait assimilée à la brute, mérita d'être mise au rang des saints (1) par le Christianisme, pour sa constance au milieu des tortures. A toutes les questions de ses juges et de ses bourreaux, l'esclave, qui se sentait affranchie par la possession de la lumière évangélique, se contentait de repondre : *je suis chrétienne;* et ses bourreaux comme ses juges, qui trouvaient dans ce mot seul la condamnation de leurs dieux et de leurs prêtres, de leurs croyances et de leurs institutions, redoublaient de rigueur et de cruauté envers elle. L'instrument du supplice du Christ, la croix, servait de signe de ralliement aux confesseurs intrépides du Christianisme, encouragés et fortifiés d'ailleurs par les pasteurs que leur assignait la discipline naissante. Au temps où les proconsuls du philosophe Marc-Aurèle faisaient égorger dans les Gaules les disciples d'Irénée, criminels envers les idôlatries et les tyrannies antiques, et toujours prêts à avouer leur complicité fraternelle par cette révélation d'une naïveté sublime : « *Nous sommes chrétiens; il ne se*

(1) Sainte Blandine.

fait point de mal parmi nous; » au temps de cette affreuse persécution, l'Église de Rome était déjà reconnue comme le centre de l'unité chrétienne.

Mais cette unité spirituelle, créée dans l'empire des âmes, laissait régner la violence et l'anarchie dans le domaine des intérêts sociaux et politiques. Si c'était par elle et dans son vaste sein que la puissance de l'idée régénératrice allait se développer, le sentiment religieux s'épurer, la morale humaine s'élever, le culte des sciences et des arts se perpétuer et s'étendre ; si l'adoucissement des mœurs et les progrès de l'esprit lui étaient confiés, ses travaux d'organisation, la liberté et le succès de ses enseignements, le résultat social de ses préceptes, exigeaient que la société religieuse, fondée au milieu des supplices et décimée par le glaive des empereurs, parvînt à faire reconnaître ses titres et à faire accepter ses croyances par les redoutables possesseurs de la souveraineté temporelle et de la puissance militaire. La conversion de Constantin avait bien placé les serviteurs de Dieu sous le patronage de César ; mais César, latin ou grec, ne représentait plus que le passé et il ne pouvait prêter que l'appui d'un mourant. Ce qu'il fallait aux régénérateurs évangéliques du monde moral, c'était la protection d'une force naissante, c'était l'alliance des vainqueurs du monde antique, possesseurs prochains du monde matériel; c'était la conquête apostolique, la soumission spirituelle des peuples et des rois qui avaient hérité de la séve guerrière des républicains de la Grèce et de Rome, et que la Providence destinait à fonder la société moderne, au sein de laquelle la civilisation devait finir par trouver une nouvelle métropole.

La conversion de Clovis donna ou promit tout cela à l'Église chrétienne. « VOTRE FOI est NOTRE VICTOIRE, » dit l'évêque gaulois Avitus au néophyte triomphant de Tolbiac.

Cette noble et sainte parole résumait prophétiquement les belles pages réservées dans l'histoire au progrès du catholicisme religieux de l'Église romaine, et au succès du catholicisme politique de la nation française, providentiellement combinés dans l'intérêt de l'émancipation universelle.

De tous les barbares qui se partagèrent la succession de l'Empire romain, les chefs des Francs furent ceux en effet qui comprirent le mieux et qui firent servir avec le plus de persévérance et d'habileté la prépondérance de l'épiscopat à l'accomplissement de leurs desseins. Le baptême de Reims les avait rendus à la fois chrétiens et puissants.

« Par un sort singulier, dit un historien philosophe, Clovis se trouva être, à cette époque, le seul roi, civilisé ou barbare qui fît profession de la foi orthodoxe.

« L'empereur Anastase, en Orient, était tombé dans quelque erreur obscure sur la doctrine de l'incarnation; le grand Théodoric, qui venait de fonder en Italie le royaume des Ostrogoths ; Alaric, roi des Visigoths à Toulouse ; Gondebaud et Godesisille, rois des Bourguignons ; Trasamond, roi des Vandales en Afrique ; le roi des Suèves en Espagne, dont le nom n'est pas connu, étaient tous Ariens (1). »

Ce que le savant historien appelle *singularité du sort*, d'autres l'ont considéré comme un arrangement merveilleux de la Providence pour lier la fortune naissante de la France à la prospérité croissante de l'Église. N'est-ce pas l'orthodoxie des successeurs de Mérovée, unique parmi les princes contemporains,

(1) Sismondi. *Histoire des Français*, I, page 188. — Déjà, cent cinquante ans avant Clovis, au lendemain même du Concile de Nicée, sous l'empereur Constance, *le monde*, selon la célèbre parole de saint Jérôme, *s'était étonné de se trouver arien.*

qui valut aux rois Francs de la première race le concours du clergé dans toutes leurs querelles avec les rois hérétiques de leur voisinage? Et ce concours ne les aida-t-il pas puissamment à fondre les petites monarchies ariennes dans la grande monarchie qui allait prendre plus tard le titre de très-chrétienne et constituer l'unité française ?

Mais ce n'est pas seulement au profit de l'unité politique et nationale que tourna la pureté de la foi de Clovis et de ses successeurs ; l'unité sociale y gagna bien plus encore.

Au milieu du pêle-mêle des races, des tribus et des conditions que présentait l'ensemble des habitants des Gaules, et tandis que tout était contraste et antagonisme dans les mœurs, les idées et les intérêts, sur cette terre où Dieu seul pouvait apercevoir le germe d'une civilisation nouvelle, les rois Mérovingiens, conseillés ou dirigés par les évêques, fondèrent de toutes parts des établissements où les hommes de toutes les origines et de toutes les castes, Francs, Gaulois et Romains, leudes et lides, citadins et colons, hommes libres et esclaves, vécurent en parfaite communion d'idées et de pratiques, adorant le même Dieu, suivant la même loi, observant la même discipline, offrant enfin au monde, tourmenté par la guerre et déchiré par l'anarchie, le modèle ou l'essai d'une véritable association, organisée pour le travail intellectuel et matériel, sous les auspices de la paix et de la fraternité, comme sous l'égide d'une autorité paternelle.

Qu'importe maintenant que les rois francs aient agi alors par calcul ambitieux ou par inspiration religieuse ? Qu'importe qu'ils aient cédé à l'influence des considérations politiques ou à la crainte des peines éternelles ? Leurs fondations pieuses n'en furent pas moins, dans tous les cas, des fondations sociales.

Il ne faut pas perdre de vue, en effet, le désolant tableau que toutes les annales du quatrième au sixième siècle reproduisent, et qui montre la société laïque de cette époque, comme une arène où l'égoïsme dépravé était incessamment aux prises avec l'égoïsme sauvage, où la dissolution étalait ses souillures et la barbarie ses atrocités. Les lettres étaient abandonnées, les terres étaient délaissées, les colons fuyaient la ferme, les maîtres abdiquaient la propriété. « Le monde, dit l'auteur d'un savant écrit sur les institutions mérovingiennes, fut témoin alors d'un étrange spectacle ; la terre, pour la première fois, se vit répudiée par son possesseur, et ce fut à qui ne posséderait rien pour n'avoir rien à payer. »

Il y eut quelque chose encore de plus attristant que la désertion de la terre et l'abdication de la propriété, ce fut la perte volontaire, l'abandon de la liberté. La servitude était devenue la ressource universelle des malheureux pressurés par le fisc ou dépouillés par le barbare. A l'entrée des Francs dans les Gaules, le nombre des esclaves était beaucoup plus grand, dans tous les pays et parmi toutes les nations, que le nombre des personnes libres ; et la conquête n'avait pas fait cesser tout d'abord cette situation. Loin d'abolir l'infâme commerce exercé sur la liberté humaine, elle s'y était pleinement associée au contraire, et l'on avait vu le vainqueur figurer parfois, en plus grand nombre que le vaincu, sur le marché aux esclaves,—pour y trafiquer de sa personne même ou pour y vendre ses propres enfants.

Les anciennes et les nouvelles populations des Gaules en étaient là lorsque les rois mérovingiens, récemment convertis au Christianisme, apportèrent tous sur le trône un même désir, celui de se rendre les saints propices dans le ciel et les évêques favorables sur la terre, en fondant, en multipliant, en dotant largement les églises et les monastères.

Ces fondations et ces libéralités, quelle qu'en fût la cause, fortifièrent en même temps la puissance royale et la puissance ecclésiastique ; et l'alliance de ces deux puissances pouvait seule alors atténuer l'effrayante anarchie que laissaient après elles la dissolution romaine et la barbarie (I) conquérante.

Cet accord entre la royauté et l'Église, sans être toujours parfait, se conserva assez toutefois, pendant les six premiers siècles de la monarchie française, pour permettre aux deux puissances de remplir respectivement leur mission civilisatrice. Le roi et le prêtre s'entendaient le plus souvent, pour faire pénétrer l'esprit chrétien dans la société civile, pour alléger le poids des chaînes que la féodalité, au nom du sabre tout-puissant et de la terre souveraine, faisait peser sur l'immense majorité des populations urbaines ou rurales. Les serfs royaux et les serfs

(1) Les peuples du Nord, se ruant sur le midi de l'Europe, moralement prêts et disposés à embrasser le Christianisme, étaient appelés *barbares* par les payens civilisés du Bas-Empire, lesquels ne ressemblaient pas mal en cela aux Chinois policés qui donnent aujourd'hui ce même nom aux Français et aux Anglais.

ecclésiastiques étaient de beaucoup moins malheureux que les serfs des barons, et ils trouvaient aussi dans leur dépendance de la couronne ou du sacerdoce, de plus grandes espérances d'affranchissement. Mais ce n'était là qu'une faveur individuelle, une restitution gracieuse et isolée de la liberté humaine. Le moment vint où l'émancipation fut réclamée et poursuivie comme un droit commun ; et, à ce moment, le roi et le prêtre marchèrent, la croix et l'oriflamme en main, à la tête du peuple, contre les seigneurs. Et tandis que le signal de cette grande révolution démocratique et chrétienne partait à la fois du trône et de l'autel, la royauté française n'oubliait pas que sa politique libératrice devait avoir un caractère vraiment catholique et s'étendre à toute les nations courbées sous le joug des tyrannies abjectes, des préjugés abrutissants et des superstitions homicides. Déjà, au huitième siècle, par l'épée et le génie de Charles-Martel, de Pépin et de Charlemagne, elle avait refoulé l'islamisme en Espagne, vaincu et aboli l'idolâtrie en Allemagne et dompté la barbarie germanique en Italie. Un peu plus tard elle avait entrepris de délivrer les chrétiens de l'oppression musulmane, en Asie et en Afrique ; et, dans toutes ces manifestations de son catholicisme, tout religieux en apparence et essentiellement politique au fond, elle avait eu l'Église romaine pour alliée fidèle et reconnaissante.

Comment se fait-il donc que lorsque la France garde et suit avec une persévérance héroïque le programme civilisateur qu'elle reçut de ses évêques, si elle voulait appeler de nouveau à son aide ses anciens initiateurs et coopérateurs, dans les grandes œuvres de son catholicisme libéral ; comment se fait-il qu'au lieu de les trouver à côté d'elle ou derrière elle, toujours prêts à l'assister, elle fût exposée à les rencontrer menaçants devant elle, et acharnés à défendre les titres surannés des vieilles aristocraties, les débris des inégalités fondées sur la force brutale, les derniers vestiges du droit féodal, lequel ne peut plus s'appeler le *droit divin*, quand Dieu protége visiblement le triomphe du droit populaire ?

Voilà le vrai danger pour le catholicisme spirituel de la théocratie romaine ; c'est elle qui a pris partout l'initiative du schisme en rompant partout avec le libéralisme évangélique, en se séparant de toutes les régénérations politiques et sociales, sorties de la révolution religieuse dont elle tire elle-même son origine et sa puissance ; en s'écartant chaque jour davantage de la voie démocratique ouverte par le Christianisme à toutes les nations, sans distinction de classes et de races, et dans laquelle s'est maintenu et fortifié de plus en plus le catholicisme temporel de l'ancienne et de la nouvelle France.

C'est dans l'union de ces deux catholicismes, dans la réconciliation de ces deux sacerdoces (1) rendus solidaires par le baptême de Reims, en vue de l'enfantement laborieux de la civilisation moderne; c'est dans le retour de la suprématie spirituelle à l'application temporelle des principes chrétiens, que réside le secret, le seul espoir légitime

(1) L'ascendant civilisateur exercé sur le monde entier par la France, royale, républicaine ou impériale, et dont de Maistre a fait une *magistrature* universelle, fut reconnu, de bonne heure, par les Papes eux-mêmes, comme un véritable sacerdoce. Étienne III écrivait à Charlemagne que sa race était sainte et qu'il était revêtu d'un sacerdoce royal : *Vos estis gens sancta atque regale sacerdotium.* Son prédécesseur, Paul Ier, avait dit à Pépin : Vous aussi, vous êtes l'appui et le chef de tous les chrétiens : *Tu quoque fundamentum es et caput omnium christianorum.* — On trouve dans Fulbert, épître 3 : « *Rex francus, rex idem hominum Christique sacerdos.* — Dans Gerson : *Rex spiritualis.* — Dans d'autres auteurs : *Rex Franciæ Christi vicarius.* — *Corporalis Deus*, obtinet *Coronam libertatis et gloriæ.* Bald., Cigault., etc. — « Au regard de vous, disait l'archevêque de Reims, Juvénal des Ursins, à Charles VII, vous n'êtes pas simplement mon souverain seigneur, personne laye, mais *prélat ecclésiastique.* » (Du Tillet, 170.)

de conjurer la rupture éclatante et définitive du lien catholique entre les chefs vénérables et les fils aînés de l'Église romaine.

Cette réconciliation, ce retour, seraient-ils impossibles à celle des deux puissances qui est restée en arrière pour se faire l'alliée des oppresseurs rétrogrades, au lieu de demeurer l'inspiratrice et l'auxiliaire des libérateurs toujours prêts à marcher en avant?

Un saint prêtre, un éloquent prédicateur, s'est posé cette question.

« En 1789, dit l'abbé Lacordaire, la France se leva tout entière en faveur de trois principes qu'elle n'a jamais abandonnés depuis : *l'égalité civile, la liberté politique et la liberté de conscience.* Les deux tiers de l'Europe, en soixante-dix ans, ont accepté de la France cet ordre d'idées et ce programme de vie. Voilà le fait. Les gouvernements qui s'y sont conformés sont des gouvernements nouveaux ; ceux qui ne les ont pas admis sont des gouvernements d'ancien régime. *Rome est dans ce dernier cas.*

« Mais est-il impossible qu'elle se modifie dans le sens qui prévaut en Europe et entraîne l'esprit humain? Ses ennemis l'affirment avec une joie qui ne se déguise pas, et une unanimité qui ne connaît ni la différence des latitudes ni celle des passions. On dit à Rome : « Tu fus grande autrefois, tu marchais à la tête des nations comme la colonne de feu du désert ; rien ne t'effrayait des choses du monde, ni les clairons de la guerre, ni la fureur des rois, ni les découvertes du génie ; tu portais à la fois sur tes épaules le poids du ciel et celui de la terre ; et, l'œil fixé sur Dieu, tu avançais avec le genre humain dans toutes les profondeurs qui s'ouvraient devant toi et devant lui. Mais à l'heure qu'il est, vieillard usé du temps, tu ne peux plus que te recueillir dans un cloître, te promener dans un musée, prendre le frais dans une oasis ; il te faut du repos à la porte de l'éternité, nous te le ferons. Ne songe plus qu'à la prière, aux bénédictions, à dormir ton sommeil spirituel, et sois sûr que nos respects couvriront de leur ombre ta tête vénérable et courbée. » Voilà, sans aucun doute, la thèse des ennemis de la Papauté : comment serait-elle la thèse de ses amis ? comment avouerai-je qu'il n'y a rien à espérer de Rome, quoi qu'il arrive, qu'une muette et implacable immobilité ?

« Que ceux-là le disent qui croient à la mort du

Christianisme et à la chute préalable de la Papauté : pour moi, qui suis sûr de la coéternité de leur durée, je suis sûr aussi que Rome fera, à son heure et dans sa liberté, ce qui sera nécessaire au salut du monde. »

(*De la liberté de l'Italie et de l'Église.* — 32-33.)

L'illustre dominicain, plein de l'esprit démocratique de son siècle (1), espère donc que Rome, jus-

(1) Le discours du Père Lacordaire à l'Académie française, nous oblige à faire ici une distinction. L'éloquent prédicateur garde ses plus vives sympathies pour le démocrate du Nouveau-Monde, parce que, dit-il, *l'esprit américain est religieux; il a le respect inné de la loi; il estime la liberté aussi chèrement que l'égalité, il place dans la liberté civile le fondement premier de la liberté politique. C'est juste le contre-pied de l'esprit qui entraîne plutôt qu'il ne guide une grande partie de la démocratie européenne.*

On ne peut qu'applaudir à la rare tolérance dont le disciple de saint Dominique fait preuve en rendant hommage au caractère religieux d'une république où l'hérésie gouverne la majorité des consciences. Mais il serait difficile d'étendre cette approbation aux éloges donnés à la démocratie transatlantique pour l'importance qu'elle attribue à *la liberté civile*, quand on songe qu'à cette heure même quinze États, fiers d'appartenir à cette démocratie, s'efforcent de maintenir, à main armée, la honte et le fléau de l'esclavage.

En vérité le moment était mal choisi pour se faire du démocrate américain un sujet de comparaison écrasante pour le démocrate européen. Tandis que le moine français préparait cette flatterie pour certaines rancunes académiques, le plus célèbre orateur et le plus grand homme d'État de l'Amérique, M. Seward, faisait entendre en plein Congrès cette parole attristante :

« Le citoyen américain, après avoir longtemps considéré la république comme immortelle, tremble aujourd'hui d'effroi à la vue des convulsions qui indiquent sa mort soudaine. »

Ce sont les *esclavagistes* qui provoquent cette terreur. Les *tyrans*

qu'ici obstinée, depuis soixante-dix ans, à repousser les trois grands principes de 89 : l'égalité civile, la liberté politique et la liberté de conscience, finira par céder au courant qui entraîne l'esprit humain et par se modifier dans le sens qui prévaut en Europe.

Nous ne voulons point examiner s'il est rigoureusement vrai qu'il n'y ait que ceux qui croient à la mort du Christianisme et à la chute préalable de la Papauté qui affirment, et avec une joie plus ou moins dissimulée, l'impossibilité radicale de la conversion du Vatican aux trois principes fondamentaux de la révolution française. Peut-être serait-il facile de trouver aussi un grand nombre de catholiques très-sincères et plus affligés que joyeux, qui se sentent poussés à désespérer également et en dé-

européens du quatorzième siècle étaient vraiment plus chrétiens que ces *démocrates américains* du dix-neuvième. En l'an de grâce 1315, Louis Hutin donnait la liberté aux serfs par une ordonnance en tête de laquelle on lisait : « Considérant que notre royaume est dit et nommé *le royaume des Francs* et voulant que la chose soit d'accord avec le nom, etc., » (*Rec. des ordon.* I. 583.)

M. Lacordaire, dans son manifeste académique, s'est appliqué, du reste, à concilier ses préférences pour la démocratie hérétique des États-Unis avec son dévouement et sa subordination à la théocratie romaine. Il a été seulement sur ce point délicat un peu moins explicite que l'illustre biographe de Washington, qui présidait à cette solennité.

pit d'eux-mêmes, non de la perpétuité du Christianisme, mais de la prudence tardive du Sacré-Collége et de la transformation libérale de la politique romaine, quand ils entendent flétrir, du haut même de la chaire de saint Pierre, comme contraires à la parole divine, comme attentatoires aux droits des souverains légitimes et à la suprématie du Saint-Siége, *l'ordre d'idées et le programme de vie* acceptés par la majorité des États européens, et destinés à prévaloir dans le reste du monde policé.

Mais sans partager ni les espérances des incrédules et des hérétiques, ni le désespoir de beaucoup de croyants orthodoxes ni la confiance absolue de l'illustre prédicateur catholique, surtout en ce qui concerne la coéternité de la théocratie romaine et de la doctrine divine, nous pensons que plus on désire, plus on attend que Rome se modifie *dans le sens qui prévaut en Europe et qui entraîne l'esprit humain*, plus on doit s'attrister de tout ce qu'elle fait en sens inverse de ce qui pourrait remplir cette attente et combler ce désir ; plus on doit lui signaler les causes qui font dire *qu'il n'y a plus rien à espérer d'elle qu'une muette et implacable immobilité ;* plus on doit la presser de démentir cette désolante prophétie, en reprenant la parole et la marche des grands et saints pontifes qui mettaient le mérite avant la naissance, l'intelligence au-dessus de la force, et la faveur des Césars après la sympathie des peuples.

Rome prendra son heure, dites-vous, pour s'occuper quand elle le voudra du salut du monde. En vérité ! Rome sera bien bonne de daigner songer un jour à se mettre d'accord et à marcher avec l'esprit humain, pour sauver le monde ! Mais pourquoi cette superbe métropole du passé ne se hâte-t-elle pas davantage d'ouvrir ses portes à l'esprit souverain de l'avenir ? Quand son *gouvernement d'ancien régime*, par sa résistance à l'ordre nouveau, par son refus opiniâtre de se modifier, par son obstination à perpétuer les abus et à maudire le progrès, entretient visiblement le trouble dans tant de consciences, le malaise dans tant de familles, l'état de révolution et de guerre en Italie, l'incertitude et l'anxiété dans toute l'Europe, et que, d'un mot, par une sage réforme de ce gouvernement, elle pourrait délivrer, comme par miracle, la société européenne, des désordres sanglants dont la péninsule italique est le théâtre, et des craintes d'une conflagration générale ;

pourquoi ajourne-t-elle indéfiniment cette miraculeuse délivrance? pourquoi la subordonne-t-elle à des convenances mystérieuses? pourquoi renvoie-t-elle à demain l'apaisement des esprits, la sécurité des nations, la paix de l'Église? Pourquoi n'agit-elle pas aujourd'hui? *pourquoi pas à cette heure?* comme dit à bon droit la logique catholique!

« Parce que, nous répond-on, Rome seule sait à quel jour elle doit agir pour entrer dans les vues de la Providence; à quel moment elle doit user de l'entière liberté et de la latitude illimitée que lui donne la conscience de son éternité. »

En d'autres termes, Rome ne se presse pas, parce qu'elle croit être éternelle.

Relisez donc votre Évangile. Le Fils de l'homme aussi avait bien quelque droit de se dire éternel, et, cependant, il se gardait de temporiser en face du mal qu'il pouvait guérir, à l'aspect des douleurs qu'il se savait appelé à soulager; il ne renvoyait pas ses miracles au lendemain, les miracles de la charité! il n'attendait pas d'être vieux pour monter au Calvaire, pour accomplir *ce qui était nécessaire au salut du monde*.

Elle est vraiment admirable cette patience des

nouveaux apôtres qui, à la vue des derniers successeurs de saint Pierre attachés au char des derniers Césars de la Germanie et n'usant plus des foudres de l'Église que contre les aspirations libérales et fraternelles des peuples, et au profit des anciens régimes marqués du sceau féodal, se contentent de constater que le gouvernement pontifical est de ceux qui repoussent *l'égalité civile, la liberté politique et la liberté de conscience*, et qui croient devoir attendre, dans un respectueux silence, que ce gouvernement, trois fois illibéral, se ravise et s'amende selon son bon plaisir, sans qu'il soit permis à personne de contrôler sa lenteur et de chercher à la faire cesser, alors même qu'elle contribuerait à faire durer le règne des passions, l'anarchie des États et le deuil des familles !

Nous n'hésitons pas à le dire : quelque vénération que nous inspire le caractère, quelque admiration que nous commande le talent de cet illustre défenseur de la Papauté, il nous semble que c'est mal servir la cour de Rome, que de l'entretenir tellement dans ses prétentions à l'éternité et à l'infaillibilité, qu'elle puisse se croire à jamais dispensée de céder aux nécessités du temps, aux exigences légitimes des nations, au mouvement irrésistible de l'esprit humain, et se dire toujours maîtresse de sortir à propos de son immobilité, sans avoir rien perdu de ses éléments de force et de ses conditions de durée.

Si le Christianisme n'était qu'une doctrine abstraite ou mystique, destinée seulement à former quelques groupes modèles de savants théologiens, d'habiles controversistes ou de rigides anachorètes, tous soigneusement isolés des choses temporelles, nous concevrions que ces esprits et ces âmes d'élite, heureux d'exceller en science, en raisonnement, en contemplation, en austérité, et satisfaits de n'avoir rien à espérer ou à craindre des autres hommes pour vivre paisiblement et perpétuer leur institution sous les voûtes d'une école ou d'un cloître ou au fond d'une thébaïde ; nous concevrions que ces doctes et pieux solitaires, croyant posséder seuls la sagesse humaine et marcher sûrement à la béatitude céleste, demeurassent indifférents aux événements, aux contradictions, aux prospérités et aux misères de la société humaine et qu'ils ne prissent nul souci de l'opinion du monde profane sur leurs interprétations doctrinales.

Mais loin que le Christ ait fait de l'Évangile le stérile plagiat de l'ésotérisme antique, le secret d'un collége de prêtres comme à Thèbes et à Memphis, le privilége d'une caste sacerdotale comme sur la terre des parias, chacun des actes, chacun des discours du messager divin a témoigné que la bonne nouvelle qu'il apportait du ciel était solennellement adressée à toutes les créatures humaines sans distinction de climats et de siècles, de nations et de races, d'esclaves et d'hommes libres. Il se proclamait envoyé de Dieu pour donner aux bons la terre en héritage, pour consoler ceux qui pleurent, pour rassasier ceux qui ont faim et soif de la justice, pour promettre le royaume des cieux aux cœurs simples et purs. « Jésus, disent les évangélistes, allait par toutes les villes et par les villages, enseignant dans leurs synagogues, prêchant l'Évangile et guérissant toutes les maladies et toutes les infirmités. » (Évang. *S. Mathieu*, ch. IX, 135. *S. Marc*, 6-7.) Bénissant ensuite son Père d'avoir *caché aux sages ce qu'il découvrait aux petits :* « Venez à moi, disait-il, vous tous qui travaillez et qui êtes chargés, et je vous soulagerai. » (Évang. *S. Mathieu*, ch. XI, 25-28.)

Le Verbe divin s'étant fait *chair* pour racheter le

genre humain, la parole du Verbe, le Christianisme, s'incarna dans l'humanité pour renouveler incessamment et pour perpétuer cette rédemption aussi longtemps qu'il y aurait des *petits* à éclairer, des infirmes à guérir et des masses trop chargées à soulager. Ainsi, c'est l'humanité même, les masses pauvres, les classes inférieures et courbées sous le poids du travail, de la misèré ou du vice, au sein de toutes les nations, c'est l'humanité souffrante, que la vie, la puissance, le développement, la destinée du Christianisme intéressent par dessus tout. Comment les chefs de la hiérarchie sacerdotale, institués pour présider à la pratique et à l'application sociale des principes démocratiques de l'Évangile, pourraient-ils donc se croire assez forts pour s'opposer à cette application indéfiniment et sans péril pour leur autotorité, partout où ces principes sont invoqués par les peuples et acceptés par les gouvernements ?

Pie VII lui-même avait rendu hommage à ces principes pendant qu'il était évêque d'Imola ; il avait dit : « *Soyez bons chrétiens, mes frères, et vous serez bons démocrates.* » Ceux qui poussent la barque de saint Pierre en sens inverse de ce précepte n'ont-ils pas à craindre que quelqu'un ne se lève du milieu des nations jalouses d'allier la démocratie à la religion, et qu'il ne leur rappelle cet avertissement de Jésus :

« Quiconque entend ces paroles que je vous annonce et ne les met pas en pratique, est semblable à un homme imprudent qui a bâti sa maison sur le sable.

« La chute des pluies, l'inondation des rivières, le souffle des vents, leurs assauts impétueux ont renversé cette maison, et la ruine en a été grande. »

Une institution, longtemps splendide et prospère, peut être réputée éternelle et divine par ses dignitaires et par ses admirateurs, par cela seul qu'elle remonte à un principe proclamé éternel et divin et qu'elle a été établie pour le propager, pour l'interpréter, pour le traduire en œuvres.

Mais si l'attribut de l'éternité et de la divinité, acquis aux principes évangéliques dans la communion romaine, a pu rester attaché à l'institution pontificale aussi longtemps qu'elle a suivi elle-même, expliqué et réalisé ces principes selon l'esprit et le but du fondateur du Christianisme, serait-il raisonnable d'admettre que cet attribut surnaturel dût être maintenu à la théocratie du Vatican par le cri universel des fidèles, s'il devenait manifeste, pour le plus grand nombre des catholiques comme pour les incrédules et les philosophes, qu'elle a cessé elle-même, depuis trois siècles, de maintenir la saine interprétation et de poursuivre l'exacte application de la pensée démocratique du code divin ?

L'éternité fait place à l'instabilité le jour où l'institution doctorale, où la discipline dirigeante fonctionne à l'encontre de la réalisation de la doctrine. Sans doute la décadence n'est pas partout également sentie et rapide : il y a des causes locales qui précipitent ou retardent la chute. Nous avons vu que la France a pu reculer pendant trois siècles devant le schisme, tandis qu'une grande partie de l'Europe se pressait de le proclamer légitime et irrévocable ; non que la France fût moins éclairée ou plus accommodante que les autres États catholiques sur les prétentions abusives de la cour de Rome, mais parce qu'elle trouvait, dans l'arsenal de ses propres institutions et dans le sein même de son Église, les armes dont elle avait besoin pour garder à la fois son indépendance et son orthodoxie. Aujourd'hui même que les puissants moyens de défense qu'elle puisait dans l'Église gallicane semblent lui manquer, l'heure d'un recours extrême à l'établissement d'une religion nationale n'est pas encore, tant s'en faut, près de sonner.

Malgré la persistance imprudente des cardinaux et des évêques à repousser les trois principes fondamentaux de la révolution française, et à soutenir l'inviolabilité des gouvernements d'ancien régime; malgré toute l'impopularité que cette persistance attire aux princes de l'Église romaine, le catholicisme, indépendamment même de sa morale et de ses dogmes, est toujours sans rival, en France, pour agir sur les masses par les pompes du culte, par le caractère majestueux de ses temples, par le nombre et la discipline de ses milices sacrées, par tout ce qui fait la puissance et le prestige des pratiques religieuses. Si le fondateur de l'Empire, le glorieux philosophe qui repose sous le dôme des Invalides, avait pu surgir de son cercueil le jour où Paris et la France accouraient à ses funérailles, et qu'il eût vu l'attitude recueillie de cette foule immense; s'il eût entendu les prières, les invocations, les chants du sacerdoce qui présidait à cette fête nationale et religieuse, il eût refait encore son discours aux curés de Milan. Mais si, dans cette courte apparition, quelqu'un lui eût montré des allocutions pontificales et des mandements épiscopaux, anathématisant l'esprit moderne, réprouvant l'ordre nouveau, condamnant le droit national et réservant le sceau de la légitimité aux souverainetés féodales, il se fût vivement affligé de rencontrer tant de signes d'imprévoyance et de faiblesse, à côté de tant de vestiges de grandeur et de force; et, reprenant aussitôt sa prophétie de Sainte-Hélène, dans laquelle il promettait le gouvernement de l'avenir à ceux *qui extirperaient les dernières racines de la féodalité et qui feraient partager à la généralité ce qui n'avait été encore que l'apanage du petit nombre*, il eût conseillé à la puissance spirituelle d'encourager, de bénir, au lieu de les entraver et de les maudire, les princes et les peuples appliqués à la réalisation de ce *programme de vie;* il eût pressé le plus obstiné des *gouvernements d'ancien régime* de rentrer au plus vite dans le grand courant des idées qui prévalent en Europe et qui doivent prévaloir dans le monde entier ; il eût dit aux évêques de France, de ne pas se contenter d'abandonner Bellarmin pour revenir à Bossuet, mais de rendre au Christianisme l'initiative des rédemptions nationales, des résurrections populaires et de la guérison miraculeuse des infirmités et des plaies sociales.

Ce que le génie du grand homme aurait dit, la force des choses, le cri des nations, la voix des siècles l'indiquent manifestement aux chefs de l'Église catholique. Le flot de l'impopularité monte et menace le faîte des demeures antiques où la croix de bois, couverte des bénédictions du ciel et saluée par les acclamations de la terre, faisait dire à la multitude respectueuse des *petits* reconnaissants : *Il fait bon vivre sous la crosse.* Que l'on se hâte donc d'arrêter, quand il en est temps encore, ce flot montant et menaçant. Pourquoi l'épiscopat répugnerait-il à imiter l'évêque d'Imola (Pie VII) (1), et à confondre dans sa sollicitude et sa sympathie *le bon christianisme et la bonne démocratie :* alliance préservatrice et féconde, dans laquelle un archevêque

(1) Rien ne peut être plus préjudiciable au clergé *catholique* dans l'esprit des peuples que des actes de la nature de celui qu'un *journal religieux* a publié récemment comme émané des évêques diocésains des Marches :

« Nous protestons et nous réclamons, disent ces prélats, contre le décret qui déclare que *la différence de religion n'entraîne aucune différence dans la jouissance et l'exercice des droits civils et politiques, que, par conséquent, on abolit à la fois toutes les incapacités qui frappaient par le passé les israélites et les chrétiens non-catholiques.* »

de Paris, de sainte et douloureuse mémoire, ne craignait même pas de faire entrer *le bon socialisme?*

« Qu'il soit bien entendu d'abord, disait Mgr Sibour dans un mandement contre le *communisme* et l'*agrariat*, que nous ne voulons point improuver ici le *socialisme véritable*, si l'on veut donner ce nom à cette tendance généreuse qui pousse quelques hommes d'un zèle pur et désintéressé à chercher l'amélioration de la société dans ses institutions, dans ses lois, dans ses mœurs, dans *le bien-être de tous et particulièrement des classes laborieuses* : TENDANCE CHRÉTIENNE et louable, digne de nos encouragements, quand, ne se réduisant pas à des systèmes et à des phrases, elle cherche sincèrement et avec persévérance les moyens les plus propres à réaliser le progrès social, en procurant à leurs semblables *une plus grande somme de bien, soit de l'ordre moral, soit de l'ordre matériel* (1). »

Si la pensée de l'illustre et infortuné prélat devenait manifestement la pensée de l'Église de France, et si la *tendance chrétienne* qu'il jugeait digne des encouragements des évêques finissait par triompher

(1) Mandement de Mgr l'archevêque de Paris en 1851.

à Rome du mauvais génie de l'immobilité, les menaces de schisme et de religion nationale cesseraient bientôt ou seraient dans tous les cas condamnées à rester toujours vaines. La voix puissante de l'opinion publique crierait alors, avec M. de Montalembert, aux pasteurs réconciliés avec l'esprit démocratique et le génie de l'avancement :

« En vain vous dira-t-on que vous n'êtes pas *la religion de l'avenir*. Laissez dire et souriez. Vous avez précisément cette religion-là, et vous l'avez seuls ; car *votre religion est celle des petits et des pauvres*, A QUI APPARTIENT L'AVENIR, *et la seule qui puisse leur donner et garder ce qu'ils espèrent* (1). »

Mais pour que l'opinion publique sanctionne cette remarquable et prophétique parole, il faut que les organes suprêmes du catholicisme s'appliquent à démontrer, non-seulement par la sublimité de leur doctrine primitive, mais surtout par la réalisation sociale de cette doctrine, que leur religion est évidemment la religion de l'avenir, parce qu'elle est incontestablement *celle des petits et des pauvres*. Il faut qu'ils s'empressent de faciliter et non pas qu'ils s'obstinent à empêcher l'avénement des pau-

(1) *Le Correspondant* du 1er décembre 1857.

vres et des petits à la possession de l'avenir qui leur appartient, à la plus grande somme de bien, *soit de l'ordre moral, soit de l'ordre matériel*, qui leur est promise. Les maîtres de l'avenir pourraient se croire déçus, et ce serait les ennemis du catholicisme qui souriraient alors, si Rome ajournait trop longtemps le concours de sa suprématie spirituelle dans l'accomplissement des espérances données aux petits et aux pauvres. S'il s'agissait seulement de la promesse du royaume des cieux et des trésors de la charité, l'avenir ne donnerait rien de plus aux faibles et aux malheureux que ce que leur a donné le passé catholique. Quand on en vient donc à leur faire de cet avenir un objet de nouvelle et grande espérance, c'est qu'il doit leur procurer sans doute d'autres compensations que celles offertes jusqu'ici à leur misère, et qui ont été trop souvent trouvées par eux incomplètes ; c'est que l'on pense, comme Mgr Sibour, qu'il est sage et chrétien de s'occuper de l'amélioration morale et matérielle des classes laborieuses ; c'est que l'on croit, comme Napoléon, que le moment est venu d'admettre graduellement la généralité à la connaissance et à l'usage des biens qui n'ont été encore que l'apanage du petit nombre.

Loin de nous, sans doute, la pensée de demander que l'on supprime aucune des institutions charitables qui furent pendant mille ans, selon l'expression de M. de Montalembert, *la caisse d'épargne inépuisable du peuple, la liste civile des indigents;* mais nous ne pensons pas toutefois qu'il y ait trop de hardiesse à proclamer bien haut, que cette liste civile et cette caisse d'épargne, formées de la soupe des couvents et du pain des hospices, et qui avaient pu remplacer avantageusement la sportule (*Vilior cœna*) des anciens, ne sauraient plus être considérées aujourd'hui, sans inhumanité et sans imprévoyance, comme les termes extrêmes de l'amélioration de la condition humaine et du perfectionnement social pour *les indigents* et pour *le peuple.*

Le peuple des petits et des pauvres à qui l'on n'a pas beaucoup de peine à faire croire que l'avenir merlui appartient, n'entend pas probablement que les veilles et les délices de la nouvelle terre promise où le bon génie de l'humanité le conduit en triomphe, se réduisent pour lui aux libéralités perpétuelles des aumôneries et au confortable de l'hôpital.

L'opulence oisive est grandement méritante, nous

le reconnaissons, lorsqu'elle vient spontanément au secours du travail luttant sans succès contre la misère ; mais sa générosité facultative, malgré tous les pleurs qu'elle a séchés, toutes les faims qu'elle a apaisées, tous les désespoirs qu'elle a calmés, a laissé d'immenses lacunes dans le soulagement promis par l'Évangile à ceux qui travaillent et qui succombent sous le poids de leurs charges. La charité, d'ailleurs, outre qu'elle est précaire, n'humilie-t-elle pas en même temps qu'elle nourrit, et l'humiliation n'est-elle pas comprise, aussi bien que l'indigence, parmi les plaies que la civilisation chrétienne doit fermer? Non, non, l'aumône à domicile ou dans la rue, à l'église ou à l'hôpital, ne peut pas être l'expression la plus large et la plus élevée de l'amour du prochain, le dernier mot de la providence sociale. Il ne s'agit plus aujourd'hui de soigner, d'entretenir, de solder le paupérisme, mais de l'extirper. Pour démontrer cette vérité, l'esprit chrétien et le génie de la civilisation (1) ont trouvé, parmi leurs

(1) C'est le développement, l'application progressive de l'esprit chrétien à l'ordre social, qui constitue la civilisation dont nous admirons la force ascendante dans les relations d'homme à homme et de nation à nation. « Lorsque Dieu a parlé, dans le temps, dit Ballanche, il a parlé la langue du temps et de l'homme. L'esprit

plus modernes interprètes, QUELQU'UN dont le peuple a su comprendre et retenir la parole, pour la rendre un jour toute-puissante et la faire servir à la pratique de cette vérité, à l'amélioration du sort des classes déshéritées aussi bien qu'à la délivrance des nationalités asservies.

Écoutez cette parole :

« La classe ouvrière ne possède rien, il faut la rendre propriétaire. Elle n'a de richesse que ses

« contenu dans la lettre se développe, et la lettre est abolie. » (*Paling. sociale* 166.) Ainsi, quand le Christ prescrivait l'aumône, c'est que le temps et les hommes au milieu desquels il vivait, ne connaissaient guère que ce moyen général d'alléger le poids de la misère ; et il regardait si peu l'exercice de la charité comme la dernière expression de la fraternité humaine entre les riches et les pauvres, qu'il ne recommandait l'aumône qu'en la soumettant à la condition du secret pour lui faire perdre son caractère humiliant, indiquant suffisamment par là qu'il entendait réformer un mode d'assistance que les grandes inégalités sociales de l'antiquité et l'absence de prévoyance publique avaient rendu nécessaire et louable, et qu'il voulait seulement rendre le moins blessant possible pour la dignité et l'égalité qu'il apportait indistinctement à tous les hommes, comme à des enfants d'un même père. « Lorsque vous donnez l'aumône, disait-il, ne faites pas sonner la trompette devant vous, comme ont les hypocrites dans les synagogues et dans les rues.............. ..... Que votre main gauche ne sache pas ce que fait la droite. » (*Saint Matth.*, VI, 2. 3.)

Toutes les institutions qui aideront le pauvre à vivre de son travail sans recourir à la charité privée ou publique, et qui le préserveront ainsi des privations matérielles sans l'exposer à des souffrances morales, rentreront donc dans les vues providentielles du Rédempteur, et devront être encouragées par le clergé chrétien sans que leur nouveauté puisse les lui rendre suspectes.

bras; il faut donner à ces bras un emploi utile pour tous. Elle est comme un peuple d'Ilotes au milieu d'un peuple de Sybarites; il faut lui donner une place dans la société et attacher ses intérêts à ceux du sol. Enfin, elle est sans organisation et sans liens, sans droits et sans avenir; il faut lui donner des droits et un avenir, et la relever à ses propres yeux par l'association, l'éducation, la discipline (1). »

Voilà l'avenir que les pauvres et les petits ont le droit d'espérer, et dont l'ajournement trop prolongé constituerait, selon le mot remarquable de Robert Peel, *une honte et un péril pour notre civilisation!* Voilà le complément des trois principes fondamentaux de la Révolution française, le couronnement de l'égalité civile, de la liberté politique et de la liberté de conscience! Voilà le vrai *programme de vie* des gouvernements et des nations de l'Europe, assez éclairés pour reconnaître, ainsi que l'a dit un célèbre publiciste qui honora la France comme écrivain et comme citoyen, M. de Tocqueville, *que le développement graduel et progressif de l'égalité est à la fois le passé et l'avenir de leur histoire*, et que dès lors

(1) *Œuvres de Napoléon III*. Tom. II, pag. 117.

vouloir arrêter la démocratie paraîtrait lutter contre Dieu même (1)!

Que la cour de Rome et les princes de l'Église de France renoncent donc à soutenir une lutte pareille, dans laquelle l'appui de Dieu pourrait leur manquer, en même temps que celui du peuple. « Le petit nombre, dit un philosophe catholique, exécutant les arrêts du génie du retardement, agit contre la nature du genre humain. Il finira par être vaincu........ Les peuples émancipés par le Christianisme auraient déjà triomphé, s'ils avaient compris qu'ils devaient se réunir dans une seule pensée, et que cette pensée devait être une pensée religieuse. Les hommes du retardement, les uns par une erreur de conviction, les autres par un coupable calcul, ont invoqué la Providence : ils ont au moins cherché l'appui du fait religieux, ils ont pris le bouclier de la théocratie..... La seule invocation à la Providence est douée d'une puissance infinie, parce que son nom seul est plus fort que toute la force humaine, *comme la seule révolte contre la Providence, par le fait même*

(1) N'est-il pas regrettable que les apologistes académiques de M. de Tocqueville, au lieu de proclamer après lui le caractère divin du mouvement démocratique, aient cru devoir garder leur prédilection et leur sollicitude pour la légitimité de l'entêtement théocratique ?

de cette révolte, brise et dissout toute force (1). »

L'invocation à la Providence ne pourrait donc donner une force réelle, une force durable aux hommes du retardement, dont la défaite finale est d'ailleurs inévitable qu'autant qu'ils ne se seraient pas mis en état de révolte contre cette même Providence, en agissant contre la nature du genre humain, en opposant opiniâtrément leur immobilité théocratique à la puissance irrésistible de la bonne démocratie, si justement assimilée par un saint Pontife au bon Christianisme.

Que sert d'en appeler sans cesse et avec éclat au suprême régulateur de toutes choses, si son saint nom n'est invoqué que pour favoriser les prétentions injustes du petit nombre et pour retarder ou empêcher le triomphe de la cause que Dieu protége : la cause de la justice ? Le Christ a signalé d'avance l'inanité de ces invocations incessantes à la puissance suprême dont on viole manifestement les décrets, et qui dérivent, comme dit Ballanche, ou d'une erreur de conviction ou d'un coupable calcul !

« Plusieurs me diront en ce jour-là (le jour du jugement dernier) : Seigneur, Seigneur, n'avons-nous

(1) Ballanche. — *Paling. sociale*. 197-198.

pas prophétisé en votre nom? N'avons-nous pas chassé les démons en votre nom? Et n'avons-nous pas fait beaucoup de miracles en votre nom?

« Alors je leur déclarerai : Je ne vous ai jamais connus ; retirez-vous de moi, *vous qui avez commis l'injustice* (1). »

Ainsi, la force que rien ne brise et ne dissout n'est pas celle que peut donner l'appel fréquent et solennel à l'intervention et au nom du Seigneur, mais celle qui vient de l'observation exacte de la loi du Seigneur, de la pratique sociale des préceptes de justice, d'égalité, de liberté et de fraternité écrits dans l'Évangile.

Que ceux qui possèdent la puissance du fait religieux, le bouclier de la théocratie, ne se croient donc pas à jamais invulnérables, s'ils persistent à dédaigner la puissance du fait politique, l'*épée* que le Christ déclarait avoir apportée au monde, non pour détruire, mais pour établir la fraternité entre les hommes. C'est à cette épée qu'est réservée providentiellement la victoire définitive. C'est celle que maniait le clergé français contre la féodalité du douzième siècle, quand, à la voix de Louis le Gros, il marchait à la tête du peuple pour affranchir les

(1) *Saint Math.* VII. 22, 23.

communes. Pourquoi cette sainte milice ne dirige-t-elle plus ses armes spirituelles contre les défenseurs du principe féodal ? Pourquoi les tourne-t-elle contre les alliés naturels que lui désignait la parole du Maître ? C'est une simple *erreur de conviction*, sans doute, mais qu'il est urgent de reconnaître pour s'empresser de la réparer.

Malheureusement, cette erreur capitale, qui fait des apôtres de la récompense selon les œuvres les hérauts sacrés du privilége héréditaire et les derniers défenseurs de l'orthodoxie légitimiste et du *credo* féodal (1) ; cette erreur est d'autant plus difficile à détruire dans les conseils du Saint-Siége, qu'elle s'y trouve appuyée par une prétention plus ancienne, profondément enracinée, et qui semble exclure tout espoir de modification libérale dans l'immobilité

(1) Les documents diplomatiques nouvellement publiés feraient croire qu'on a voulu faire de Rome un autre Coblentz. Les députations envoyées de France au Saint-Siége « *affectaient tous les caractères de l'opposition dynastique la plus prononcée et tenaient, jusqu'au pied du trône pontifical, un langage dont la violence dénotait une exaltation extrême.... Un Français qui, bien que catholique fervent, n'avait pas cru devoir répudier des sentiments conformes à sa nationalité, fut interpellé vivement en ces termes :* — Monsieur, on est sujet du Pape avant d'être sujet de son souverain. Si vous n'êtes pas dans ces idées, que venez-vous faire ici ? »

Est-ce clair ?

romaine. Le Saint-Siége ne pourra pas revenir d'une erreur tant qu'il persistera à croire qu'il ne peut pas se tromper. Il est tellement persuadé que la suprématie dont il est revêtu dans l'ordre sacerdotal lui attribue nécessairement l'infaillibilité aussi bien que la perpétuité canoniquement réservées à l'Église universelle, et il regarde si bien sa propre existence comme absolument identifiée à celle du Christianisme, qu'il est irrésistiblement porté à s'écrier, à chacun des avertissements qui renferment un désir de réforme, que c'est à la religion qu'on en veut, à la religion qui est le fondement de la société et partant impérissable.

Pour le Vatican, en effet, tous ceux qui ne se soumettent pas aveuglément à l'interprétation pontificale des Écritures et à la politique immuable de la cour de Rome, aspirent certainement, ou à renverser la Papauté, ou à s'emparer sacrilégement de sa suprématie spirituelle, pour ruiner et détruire, dans tous les cas, le catholicisme, dont le Saint-Siége regarde la destinée comme inséparable de la sienne.

Mais telle est aussi l'assurance imperturbable du Vatican, en face des témoignages d'insoumission qu'il rencontre dans ses prédilections comme dans ses anathèmes, que si la terre entière lui semble prête à se lever contre les souverainetés qu'il affectionne aujourd'hui, et qui furent fondées et élevées souvent malgré lui, au moyen âge, par les héritiers du glaive des Césars, il n'hésite pas à se croire toujours infaillible, toujours le seul représentant du Christianisme ; et, continuant de réprouver et de maudire l'accueil enthousiaste que reçoit partout le réveil des nationalités sous l'influence de la civilisation chrétienne, il ne s'émeut pas du cri universel qui demande la réalisation sociale des promesses évangéliques, et il pense en avoir fini avec la commotion générale dont les sociétés humaines sont travaillées, en disant à la terre, avec le prophète, *qu'elle est infectée par ses habitants, parce qu'ils ont transgressé les lois, parce qu'ils ont changé le droit et rompu le pacte éternel* (1) !

Heureusement, et nous le disons au point de vue de la perpétuité du Christianisme (2), indispensable

(1) *Allocution du Pape Pie IX, dans le consistoire secret du 17 décembre* 1860.

(2) Sous la Restauration, aux premiers jours du ministère de M. de Polignac, un journal libéral, *le Courrier français,* fut déféré aux tribunaux pour avoir nié *la perpétuité des croyances chrétiennes.*

Ces poursuites, par lesquelles on semblait demander aux institu-

au perfectionnement comme au salut de la race humaine; heureusement le Vatican peut se trom-

tions humaines une sanction matérielle et un gage de durée pour les vérités divines, nous inspira les réflexions qui suivent, et qui furent publiées dans un journal philosophique :

« Non, les croyances chrétiennes ne seront point abolies! Non, elles ne tomberont jamais dans l'oubli des peuples, après qu'elles ont été gravées dans le cœur de l'homme par la volonté divine, qui a mis en elles le germe de tous les progrès et de toutes les améliorations auxquels le genre humain peut parvenir! Voilà ce qu'il faut dire aux incrédules, au lieu de les persécuter.

« Ce langage pourrait-il effaroucher les dévots du jour, catholiques stationnaires quand ils ne sont pas rétrogrades, et toujours fort chatouilleux? Nous les renverrions alors aux livres mêmes sur lesquels ils prétendent appuyer leur foi; ils y verraient que les plus pieux et les plus savants des docteurs de l'Église admirent la nécessité de modifier les décisions dogmatiques selon les lumières et l'exigence des temps; que saint Jérôme, par exemple, jugea prudent de cacher aux chrétiens ignorants de son époque, les trésors infinis de la miséricorde divine, et déclara par là que les vérités saintes ne devaient être enseignées et développées que graduellement et dans l'ordre des progrès de l'intelligence humaine (*ut dùm supplicia reformidant, peccare desistant.* HIER. *in Isaïam — cap. ult. in fin.*) Ils liraient dans saint Augustin, qu'il n'est pas vrai que ce qui a été une fois bien établi ne se doive jamais changer.... Que tout immuable qu'il est, le modérateur et le créateur de tout ce qui est sujet à changer sait parfaitement ce que chaque temps et chaque état des choses demande qu'il fasse, qu'il ajoute, qu'il ôte, qu'il abolisse, qu'il augmente ou qu'il diminue, jusqu'à ce que le cours des siècles, qui coule avec un ordre admirable, comme un grand poëme d'une cadence et d'une modulation exquises, s'achève et se termine. — Saint Aug. *Lett. à Marc.* — (*L'Organisateur* du 22 août 1829.) Partout l'Écriture constate que Dieu, dans sa sagesse et sa bonté, a daigné condescendre aux ménagements qu'exigeait la faiblesse primitive de sa plus chère créature et qu'il a rendu les révélations divines graduelles par la même raison qu'il a créé les facultés humaines progressives. Le Seigneur fut plus explicite avec Moïse qu'avec Abraham; il ne crut pas l'Évangile inutile après le Décalogue; il imper (1), comme l'attestent à cette heure même ses appréciations de l'immense mouvement qui emporte le monde vers l'Évangile et non pas contre l'Évangile.

Et d'abord, ceux qui veulent renverser la Papauté pour atteindre plus sûrement la religion, ne sont pour rien dans les avertissements et les conseils qui s'adressent à Rome, afin de la faire rentrer dans le courant de l'esprit humain. Les philosophes incrédules, les adeptes du schisme et de l'hérésie, les ennemis du catholicisme et les rivaux de la Papauté, désirent tous ardemment, au contraire, que Rome reste sourde à tous les avis et à tous les vœux que lui envoie la sagesse humaine. Les sceptiques seraient désolés d'apprendre que la religion catholique, grâce à la prudence du Saint-Siége, va leur enlever

posa même des réticences à son *Verbe* pour réserver une plus grande latitude à *l'esprit de vérité*. (Saint Jean. — Chap. 16, vers. 12 et 13.) Et après ces révélations successives, l'Église a cru encore nécessaire d'ajouter ses propres commandements à ceux que Moïse et Jésus avaient reçus de Dieu même.

(1) « Il y a une grande erreur à Rome, a dit de Maistre, le Pape se croit souverain, puis Pape ; c'est le contraire. »

Cette erreur pourrait devenir d'autant plus funeste au gouvernement du souverain de Rome, derrière lequel on cache le Pape, qu'il s'obstinerait à subalterniser et à méconnaître sa vraie mission. Mais son erreur, désespérante pour lui-même, ne saurait l'être pour l'humanité.

le droit de consacrer le doute comme la véritable religion de la majorité ; et les dissidents, qui ambitionnent l'héritage du pontificat romain, fondent avant tout leur espérance sur l'obstination du Sacré-Collége à s'enfoncer de plus en plus dans la voie impopulaire où il s'est depuis trop longtemps engagé.

Pour songer à signaler les écueils vers lesquels on croit voir se diriger la barque de saint Pierre, il faut être enhardi par le sentiment des besoins religieux de l'humanité, et par la conviction que le Christianisme renferme, dans l'interprétation et l'application progressive de ses dogmes et de ses préceptes, tout ce qu'exigent le développement et la satisfaction de ces besoins ; il faut que ce sentiment et cette conviction, également profonds et sincères, soient de plus unis à la pensée que le sacerdoce, qui a bien mérité du genre humain pendant tant de siècles, en présidant à ce développement et à cette satisfaction, peut encore sauver du naufrage, en se replaçant sous la protection de la démocratie évangélique, non-seulement la religion chrétienne, qui surnagera toujours avec son signe de délivrance pour les pauvres et les petits, mais l'institution religieuse que

Grégoire VII éleva si haut pour abaisser les superbes et relever les humbles ; mais le levier spirituel autour duquel les masses populaires se groupent encore malgré l'affaiblissement de la foi, et qui pourrait servir à raviver la foi elle-même s'il était employé à interpréter et à faire triompher la charité, l'égalité et la fraternité, comme le Christ a voulu certainement qu'elles le fussent, dès que César n'y mettrait plus obstacle.

Si les princes des prêtres avaient su comprendre les signes des temps et s'associer les premiers à la mission du Juste qui venait accomplir et non abolir la loi, en proclamant l'égalité des hommes dans le royaume des cieux et leur fraternité obligatoire sur la terre, l'autorité de l'antique sacerdoce aurait pu hâter la propagation de l'Évangile autour de son berceau : la Providence voulut qu'il en fût autrement. Les enfants d'Aaron méconnurent le Messie, ils perdirent le privilége sacerdotal de leur race ; mais l'esprit de la loi divine révélée à Moïse et dont ils avaient fait une lettre morte, l'esprit de la loi ne périt pas avec l'antique sacerdoce, et les commandements de Dieu passèrent de l'ancien dans le nouveau Testament.

La loi divine seule n'a donc rien à craindre des révolutions. L'unique souci des esprits religieux doit se porter, si les circonstances deviennent menaçantes, sur l'institution qui sut, en d'autres temps, comprendre, enseigner et appliquer cette loi, afin qu'elle puisse poursuivre son œuvre et interpréter la bonne nouvelle de la rédemption selon les besoins nouveaux des nouvelles générations, en mémoire du Rédempteur qui a dit : *A chaque jour suffit sa peine.*

Heureux d'être toujours le représentant principal du fait religieux dans la société française, que le prêtre catholique s'assure donc la perpétuité de ce mandat sacré en se réconciliant avec le fait politique qui prévaut en France, et qui va prévaloir dans le reste de l'Europe précisément parce qu'il est d'origine chrétienne.

Les grandes choses que le catholicisme temporel de la France accomplit, au dix-neuvième siècle, pour faire triompher autour de nous et loin de nous la civilisation et la religion, devraient disposer à l'union et à la reconnaissance le catholicisme spirituel dont le sacerdoce a été institué pour convertir toutes les nations au culte de l'égalité, de la liberté et de la fraternité.

C'est à celui des deux apostolats universels qui est resté en arrière dans la voie démocratique de l'Évangile, à se remettre en marche pour rallier celui qui a pris les devants.

S'il s'y résout enfin ; si, se rappelant à temps le mot de l'évêque Avitus au roi Clovis, il renonce à frapper d'anathème les aspirations nationales et populaires pour venir dire à l'élu de la France, protecteur et conseiller libéral de la Papauté à Rome, défenseur du nom français et du nom chrétien partout où l'humanité est aux prises avec la barbarie : VOS ŒUVRES CIVILISATRICES SONT NOS VICTOIRES RELIGIEUSES ; alors c'en sera fait des plans de religion nationale et des menaces de schisme, et personne ne songera plus à se demander *pourquoi la France est restée et reste catholique.*

FIN

www.ingramcontent.com/pod-product-compliance
Ingram Content Group UK Ltd.
Pitfield, Milton Keynes, MK11 3LW, UK
UKHW012026240726
13965UKWH00002B/592

9 782013 191333